右ページは解答や解説。「短文」でスッキリ繰り返しやすい

小見出しでわかりやすい

JN039875

解答・解説

柱の基準

・2階以上の建築物における隅柱またはこれに準ずる柱は，通し柱とする。

| 3階建以上の建築物の1階の構造耐力上主要な部分である柱 | 小径13.5 cm以上 |
| 構造耐力上主要な部分である柱の有効細長比 | 150以下 |

6 木造在来軸組構法

便利なツメ

筋かいの基準

・原則として，欠込みをしてはならない。たすき掛けにするため，やむを得ず欠き込む場合は，必要な補強を行う。
・端部は，柱と梁その他の横架材の仕口と接近して，釘等の金物で緊結する。

よく整理された表

| 引張力を負担する筋かい | 厚さ1.5 cm以上・幅9 cm以上の木材または径9 mm以上の鉄筋 |
| 圧縮力を負担する筋かい | 厚さ3 cm以上・幅9 cm以上の木材 |

筋かいを入れた軸組の軸組長さに乗ずる倍率

| 9 cm角以上の木材の筋かいを入れた軸組 | 3 |
| 9 cm角以上の木材の筋かいをたすき掛けに入れた軸組 | 5 |

暗記シート対応

厚さ　cm以上・幅　cm以上　または径　mm以上の鉄筋

問1 答 4 ★正しくは，
　9 cm角の木材の筋かいを片側のみ入れた軸組みの軸組長さに乗ずる倍率は 3 である。

問2 答 ★正しくは，
　単位面積当たりに必要な軸組の長さは，各階の床面積が同じならば，1階が一番大きい値となり，上階ほど小さくなる。

19

念押しの下線

適宜図解付き

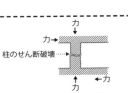
柱のせん断破壊……

2023年版

2級

建築施工
管理技術検定
一次・二次検定
標準問題集

コンデックス情報研究所【編著】

Ohmsha

本書に掲載されている会社名・製品名は、一般に各社の登録商標または商標です。

本書を発行するにあたって、内容に誤りのないようできる限りの注意を払いましたが、本書の内容を適用した結果生じたこと、また、適用できなかった結果について、著者、出版社とも一切の責任を負いませんのでご了承ください。

目 次

第一次検定

第 1 章 建築学等

第二次検定

2級建築施工管理技術検定試験ガイド

【検定区分】

1. 第一次・第二次検定（同日受検）
2. 第二次検定のみ
3. 第一次検定のみ

【試験日（例年）】

第一次検定のみ（前期）：6月中旬

第一次検定のみ（後期）

第一次・第二次検定（同日受検）　}11月中旬

第二次検定のみ

【合格発表日（例年）】

第一次検定のみ（前期）：7月上旬

第一次検定のみ（後期）：翌年1月中旬

第一次・第二次検定（同日受検）

第二次検定のみ　}翌年1月下旬

【受検資格】

1. **第一次・第二次検定（同日受検）**：同日受検は，建築工事の施工管理業務に従事した実務経験を積んで所定の受検資格を満たした方が受検申込できます。この区分で受検申込を行った場合は，第一次検定を欠席して第二次検定だけを受検することはできません。

　下表の区分イ～ハのいずれか1つに該当する方が受検申込可能です。

区分	受検種別	最終学歴	実務経験年数	
			指定学科卒業	指定学科卒業以外
イ	建築または躯体または仕上げ	大学 専門学校の「高度専門士」	卒業後1年以上	卒業後1年6ヶ月以上
		短期大学 5年生高等専門学校 専門学校の「専門士」	卒業後2年以上	卒業後3年以上
		高等学校 専門学校の「専門課程」	卒業後3年以上	卒業後4年6ヶ月以上
		その他（最終学歴問わず）	8年以上	

区分	受検種別	職業能力開発促進法による技能検定合格者		必要な実務経験年数
		技能検定職種	級別	
ロ	躯体	鉄工（構造物鉄工作業），とび，ブロック建築，型枠施工，鉄筋施工（鉄筋組立て作業），鉄筋組立て，コンクリート圧送施工，エーエルシーパネル施工	1級	問いません
			2級	4年以上
		平成15年度以前に上記検定職種に合格した方	—	問いません
		単一等級エーエルシーパネル施工	—	問いません
ハ	仕上げ	建築板金（内外装板金作業），石材施工（石張り作業），石工（石張り作業），建築大工，左官，タイル張り，畳製作，防水施工，内装仕上げ施工（プラスチック系床仕上げ工事作業，カーペット系床仕上げ工事作業，鋼製下地工事作業，ボード仕上げ工事作業），床仕上げ施工，天井仕上げ施工，スレート施工，熱絶縁施工，カーテンウォール施工，サッシ施工，ガラス施工，表装（壁装作業），塗装（建築塗装作業），れんが積み	1級	問いません
			2級	4年以上
		平成15年度以前に上記検定職種に合格した方	—	問いません
		単一等級れんが積み	—	問いません

2. 第二次検定のみ：上表の区分イ～ハのいずれか1つに該当する方で，次の（1）～（3）のいずれかに該当する方は，第二次検定のみの受検申込が可能です。

（1）建築士法による一級建築士試験の合格者

（2）令和2年度までの2級建築施工管理技術検定試験の「学科試験のみ」受検の合格者で有効期間内の者

（3）令和3年度以降の2級建築施工管理技術検定の「第一次検定」合格者

3. 第一次検定のみ：試験実施年度において満17歳以上となる方

※その他詳細については，下記試験実施団体のホームページで確認してください。

【2級建築施工管理技術検定についての問合せ先】

一般財団法人 建設業振興基金 試験研修本部　TEL 03-5473-1581

（電話による問合せ応答時間 平日 9:00 ～ 12:00，13:00 ～ 17:30）

https://www.fcip-shiken.jp/ken2/

2級 建築施工管理技術検定

第一次検定　第1章

建築学等

環境工学

1　照明・採光

問1
★★★

照明に関する記述として，**最も不適当なもの**はどれか。

1. 光源の光色は色温度で表され，単位はK（ケルビン）である。
2. 輝度は，光源からのある方向への光度を，その方向への光源の見かけの面積で除した値である。
3. 照度は，点光源からある方向への光の強さを示す量である。
4. 光束は，視感度に基づいて測定された単位時間当たりの光のエネルギー量をいい，単位は1m（ルーメン）である。

問2
★★

採光及び照明に関する記述として，**最も不適当なもの**はどれか。

1. 昼光は，直射日光と天空光に大別され，天空光は太陽からの光が大気中に拡散したものである。
2. 室内のある点における昼光率は，時刻や天候によって変化する。
3. 室内の要求される基準昼光率は，居間より事務室の方が大きい。
4. タスク・アンビエント照明は，全般照明と局部照明を併せて行う方式である。

照明に関する用語

用　語	単　位	説　明
光束	lm（ルーメン）	視感度により測定された単位時間当たりの光のエネルギー量。
照度	lx（ルクス）	単位面積当たりに入射する光束の量で，照射面の明るさを表す。
光度	cd（カンデラ）	光源から放射する光の強さを表す。
輝度	cd/m^2	ある方向から面光源を見たときの，光源の単位面積（見かけの面積）当たりの光度。
色温度	K（ケルビン）	温度に応じて変わる光の色を数値化したもので，色温度が高いほど青みがかった光色となる。

昼光率

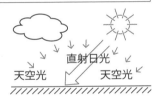

昼光 ─┬─ 直射日光…直接地面に到達する太陽光
　　　└─ 天空光……大気中に拡散した太陽光

直射日光
天空光　　天空光

$$昼光率 = \frac{室内のある点での天空光による水平面照度}{屋外の全天空照度} \times 100（\%）$$

※全天空照度…全天空が望める場所での天空光による水平面照度

問1 答3 ★正しくは，

　照度は，単位面積あたりに入射する光束の量で，照射面の明るさを表す。なお，点光源から放射される光の強さを表すのは，光度である。

問2 答2 ★正しくは，

　上記の昼光率の式より，全天空照度が時刻や天候によって変化しても，室内のある点における水平面照度も同じ割合で変化するため，昼光率は一定の値となる。

| 環境 工学 | **2 換　気** |

問1
★★

通風及び換気に関する記述として，**最も不適当なもの**はどれか。

1. 室内を風が通り抜けることを通風といい，もっぱら夏季の防暑対策として利用される。

2. 室内外の空気の温度差による自然換気では，温度差が大きくなるほど換気量は多くなる。

3. 成人1人当たりの必要換気量は，一般に30 m³/h程度とされている。

4. 事務室における必要換気量は，室の容積でその値が変動し，在室者の人数に関係しない。

問2
★★★

換気に関する記述として，**最も不適当なもの**はどれか。

1. 全般換気とは，室内全体の空気を外気によって希釈しながら入れ替える換気方式のことである。

2. 局所換気とは，局所的に発生する汚染物質を発生源近くで，捕集して排出する換気方式のことである。

3. 第1種機械換気方式は，地下街や劇場など外気から遮断された大きな空間の換気に適している。

4. 第2種機械換気方式は，室内で発生した汚染物質が他室に漏れてはならない室の換気に適している。

解答・解説

必要換気量・必要換気回数

必要換気量は，二酸化炭素（CO_2）濃度の許容量を基準にして，次式で求められる。

$$必要換気量＝\frac{在室者の呼吸による CO_2 発生量}{CO_2 濃度の許容量－外気の CO_2 濃度}$$

※一般に，成人 1 人当たりの必要換気量は 20 ～ 30 m^3/h

必要換気量をその室の容積でわった値を必要換気回数といい，次式で求められる。

$$必要換気回数＝\frac{必要換気量}{室の容積}$$

原動力による分類

自然換気	風力換気（屋外の風圧力による）
	重力換気（室内外の温度差による）
機械換気	第 1 種機械換気 （機械給気＋機械排気）
	第 2 種機械換気 （機械給気＋自然排気）
	第 3 種機械換気 （自然給気＋機械排気）

汚染空気の捕集方法による分類

全般換気	室内全体を換気する。
局所換気	室内の特定箇所を換気する。

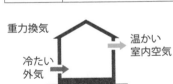

重力換気

冷たい外気　温かい室内空気

問 1 **答** 4　★正しくは，

必要換気量は，在室者の人数でその値が変動し，室の容積に関係しない。

問 2 **答** 4　★正しくは，

第 2 種機械換気方式は，室内が正圧となり，室内空気は他室に漏れやすい。なお，第 3 種機械換気方式では，室内が負圧となり，室内空気は他室に漏れにくい。

環境 工学	**3　湿度・結露**

問1
★★★

湿度及び結露に関する記述として，**最も不適当なもの**はどれか。

1. 絶対湿度とは，乾燥空気 1 kg と共存している水蒸気の質量である。
2. 露点温度とは，絶対湿度が 100 ％になる温度である。
3. 冬季暖房時に，室内側から入った水蒸気により壁などの内部で生じる結露を内部結露という。
4. 冬季暖房時に，室内の水蒸気により外壁などの室内側表面で生じる結露を表面結露という。

問2
★★

冬季暖房時における外壁の室内側表面の結露防止対策に関する記述として，**最も不適当なもの**はどれか。

1. 室内より絶対湿度の低い外気との換気を行う。
2. 室内の水蒸気の発生を抑制する。
3. 室内側表面に近い空気を流動させる。
4. 壁体に熱貫流抵抗の小さい材料を用いる。

解答・解説

湿度・結露に関する用語

絶対湿度	湿り空気中で乾燥空気 1 kg と共存している水蒸気の質量。
相対湿度	湿り空気中水蒸気量の，その温度における飽和水蒸気量に対する割合。一般にいう湿度。
露点温度	相対湿度が 100 % になり，結露を生じる温度。
表面結露	冬期暖房時に，室内の水蒸気により外壁などの室内側表面で生じる結露。
内部結露	冬期暖房時に，室内側から入った水蒸気により壁などの内部で生じる結露。

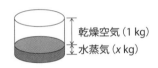
絶対湿度

相対湿度

結露防止対策

①壁の断熱性，熱貫流抵抗を大きくする。
②室内の水蒸気の発生を抑制する（絶対湿度を下げる）。
③室内側表面付近の空気の流動を妨げないようにする。
④内壁の表面温度を上げる。

問 1 答 2 ★正しくは，

露点温度とは，相対湿度が 100 % になる温度である。

問 2 答 4 ★正しくは，

壁体に熱貫流抵抗の大きい材料を用いる。なお，熱貫流抵抗の小さい壁体は，室内の熱を外に逃がしやすく，表面結露の原因となる。

| 環境
工学 | **4　色** |

問1

★★★

色に関する記述として，**最も不適当なもの**はどれか。

1.　純色とは，各色相の中で最も明度の高い色をいう。

2.　色の膨張や収縮の感覚は，一般に明度が高い色ほど膨張して見

える。

3.　無彩色とは，色味をもたない明度だけをもつ色をいう。

4.　実際の距離よりも遠くに見える色を後退色，近くに見える色を進

出色という。

問2

★★

色に関する記述として，**最も不適当なもの**はどれか。

1.　一般に明度や彩度が高いほど，派手に感じられる。

2.　暖色は，寒色に比べ一般に近距離に感じられる。

3.　補色を対比すると，同化し，互いにあざやかさが失われて見える。

4.　2つの有彩色を混ぜて灰色になるとき，その2色は互いに補色

の関係にある。

解答・解説

色に関する用語

明度	色の明暗の度合い。
彩度	色のあざやかさの度合い。
純色	各色相の中で最も彩度の高い色。
無彩色	色味をもたず，明度だけをもつ色。黒・白・灰色。
暖色	赤・黄赤・黄色。
寒色	青緑・青・青紫。
中性色	黄緑・緑・紫・赤紫。

色の見え方

- 一般に，明度・彩度が高いほど派手に感じられる。
- 一般に，明度・彩度が高いほど膨張して見える。
- 一般に，明度・彩度が高いほど進出的に見える。
- 一般に，暖色は寒色より近距離に感じられる。
- 一般に，同じ色でもその面積が大きいほど，明度・彩度が増して見える。

補色…色相環で向かい側にある色。対比すると，彩度を高め合ってあざ
やかさが増す。混ぜると灰色になる。

問1 答1　★正しくは，

純色とは，各色相の中で最も彩度の高い色をいう。

問2 答3　★正しくは，

補色を対比すると，彩度を高め合ってあざやかさが増して見える。

| 環境工学 | 5　音 |

問1 ★★★

音に関する記述として，**最も不適当なもの**はどれか。

1. 1点から球面状に広がる音源の場合，音源からの距離が2倍になると，音の強さのレベルは約6 dB減少する。
2. 残響時間は，室内の仕上げが同じ場合，室の容積が大きいほど長くなる。
3. 単層壁の透過損失は，同じ材料の場合，厚さが厚いものほど小さくなる。
4. 床衝撃音には，重くて軟らかい衝撃源による重量衝撃音と，比較的軽量で硬い物体の落下による軽量衝撃音がある。

問2 ★★

吸音及び遮音に関する記述として，**最も不適当なもの**はどれか。

1. 遮音とは，壁などに入射する音を吸収又は透過させて反射させないようにすることをいう。
2. 合板や石こうボードと剛壁の間に空気層があるとき，主に低音域の音を吸音する。
3. 有孔板と剛壁の間に空気層があるとき，主に中音域の音を吸音する。
4. グラスウールなどの多孔質材料は，主に高音域の音を吸音する。

解答・解説

音の一般的性質

音の強さ	点音源からの距離が 2 倍になると約 6 dB 減少し, 半分になると約 6 dB 上昇する。 出力が 2 倍になると約 3 dB 上昇し, 半分になると約 3 dB 減少する。
残響時間	長さは, 室容積に比例し, 室内の総吸音力に反比例する。
透過損失	同じ材料の単層壁の場合, 厚いものほど大きくなる。 単層壁の場合, 面密度が高くなるほど大きくなる。

各材料の吸音特性

壁の構造	吸音する音域
合板・石こうボードと剛壁の間に空気層を設けた場合	低
有孔板と剛壁の間に空気層を設けた場合	中
多孔質材料・剛壁	高

吸音と遮音

吸音	音を吸収・透過させ, 反射させないようにすること。
遮音	音を透過させないようにすること。

問1 答3 ★正しくは,

　単層壁の透過損失は, 同じ材料の場合, 厚さが厚いものほど大きくなる。厚いものほど遮音効果が高いことを意味する。

問2 答1 ★正しくは,

　遮音とは, 音を透過させないようにすることである。

建築
構造

6　木造在来軸組構法

問1
★★

木造在来軸組構法に関する記述として，**最も不適当な**ものはどれか。

1. 圧縮力を負担する木材の筋かいは，厚さ3cm以上で，幅9cm以上とする。

2. 筋かいをたすき掛けにするため，やむを得ず筋かいを欠き込む場合は，必要な補強を行う。

3. 構造耐力上主要な部分である柱の有効細長比は，150以下とする。

4. 構造耐力上必要な軸組の長さの算定において，9cm角の木材の筋かいを片側のみ入れた軸組の軸組長さに乗ずる倍率は5とする。

問2
★★★

木造在来軸組構法に関する記述として，**最も不適当な**ものはどれか。

1. 筋かいの端部は，柱と梁その他の横架材との仕口に接近して，釘等の金物で緊結する。

2. 階数が2以上の建築物における隅柱又はこれに準ずる柱は，原則として通し柱とする。

3. 3階建の1階の構造耐力上主要な部分である柱の断面は，原則として，小径13.5cm以上とする。

4. 構造耐力上必要な筋かいを入れた軸組の長さは，各階の床面積が同じならば，2階の方が1階より大きな値となる。

解答・解説

柱の基準

• 2階以上の建築物における隅柱またはこれに準ずる柱は，通し柱とする。

3階建以上の建築物の1階の構造耐力上主要な部分である柱	小径 13.5 cm 以上
構造耐力上主要な部分である柱の有効細長比	150 以下

筋かいの基準

• 原則として，欠込みをしてはならない。たすき掛けにするため，やむを得ず欠き込む場合は，必要な補強を行う。
• 端部は，柱と梁その他の横架材の仕口と接近して，釘等の金物で緊結する。

引張力を負担する筋かい	厚さ 1.5 cm 以上・幅 9 cm 以上の木材 または径 9 mm 以上の鉄筋
圧縮力を負担する筋かい	厚さ 3 cm 以上・幅 9 cm 以上の木材

筋かいを入れた軸組の軸組長さに乗ずる倍率

9 cm 角以上の木材の筋かいを入れた軸組	3
9 cm 角以上の木材の筋かいをたすき掛けに入れた軸組	5

問1 答 4 ★正しくは，

9 cm 角の木材の筋かいを片側のみ入れた軸組みの軸組長さに乗ずる倍率は <u>3</u> である。

問2 答 4 ★正しくは，

単位面積当たりに必要な軸組の長さは，各階の床面積が同じならば，<u>1 階</u>が一番大きい値となり，上階ほど小さくなる。

建築構造

7　鉄筋コンクリート構造

問1　★★★

鉄筋コンクリート構造に関する記述として，**最も不適当なものはどれか。**

1. 柱の最小径は，原則としてその構造耐力上主要な支点間の距離の $\frac{1}{20}$ 以上とする。
2. 腰壁やたれ壁が付いた柱は，地震時にせん断破壊を起こしやすい。
3. 梁は，圧縮側の鉄筋量を増やすと，クリープによるたわみが小さくなる。
4. 耐震壁は，上階，下階とも同じ位置になるように設けるのがよい。

問2　★★

鉄筋コンクリート構造に関する記述として，**最も不適当なものはどれか。**

1. 柱の出隅部の主筋には，末端部にフックを付ける。
2. 梁の幅止め筋は，腹筋間に架け渡し，あばら筋の振れ止め及びはらみ止めの働きをする。
3. コンクリートの設計基準強度が高くなると，鉄筋のコンクリートに対する許容付着応力度は低くなる。
4. 鉄筋は，引張力だけでなく圧縮力に対しても有効に働く。

解答・解説

柱の基準

帯筋比	0.2 % 以上
小径	構造耐力上主要な支点間の距離の $\frac{1}{15}$ 以上
主筋の断面積の和	コンクリートの断面積の 0.8 % 以上

※帯筋比…コンクリート柱断面積に対する帯筋量の割合。

せん断補強

- 柱と梁のせん断耐力は，曲げ耐力より大きくし，せん断破壊よりも曲げ降伏が先行するように設計する。
- 柱のせん断補強筋は，柱の上下端において密に配する。

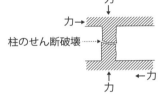

柱のせん断破壊

コンクリートの許容圧縮応力度

長期	設計基準強度の $\frac{1}{3}$
短期	長期に対する値の 2 倍

鉄筋のコンクリートに対する付着応力度

- コンクリートの設計基準強度に比例する。

問1 答1 ★正しくは，

　柱の最小径は，原則としてその構造耐力上主要な支点間の距離の $\frac{1}{15}$ 以上とする。

問2 答3 ★正しくは，

　コンクリートの設計基準強度が高くなると，鉄筋のコンクリートに対する許容付着応力度は高くなる。

21

建築
構造

8　鉄骨構造

| 問1 ★★★ | 鉄骨構造の一般的な特徴に関する記述として，**最も不適当なもの**はどれか。 |

1. 鉄筋コンクリート構造に比べ，大スパンの建築物が可能である。
2. 鉄筋コンクリート構造に比べ，同じ容積の建築物では，構造体の軽量化が図れる。
3. 鉄筋コンクリート構造に比べ，工場加工の比率が高く，現場作業が少ない。
4. 鉄筋コンクリート構造に比べ，鋼材は強くて粘りがあるため，変形能力が小さい。

| 問2 ★★★ | 鉄骨構造の接合に関する記述として，**最も不適当なもの**はどれか。 |

1. 完全溶込み溶接とは，溶接部の強度が母材と同等以上になるように全断面を完全に溶け込ませる溶接である。
2. 隅肉溶接は，母材の端部を切り欠いて開先をとり，そこに溶着金属を盛り込んで溶接継目を形づくるものである。
3. 高力ボルト接合の摩擦面には，赤錆の発生などによる一定の値以上のすべり係数が必要である。
4. 溶接と高力ボルトを併用する継手で，高力ボルトを先に締め付ける場合は両方の許容耐力を加算してよい。

鉄筋コンクリート構造との比較

- 大スパンの建築物が可能。
- 工場加工の比率が高く，現場作業が少ない。
- 架構の変形能力が高い。
- 同じ容積の建築物では，構造体の軽量化が図れる。
- 小さい断面の部材で大きな荷重に耐えることができる。
- 剛性が小さく，振動障害が生じやすい。

鉄骨構造の溶接接合

完全溶込み溶接	溶接部の強度が母材と同等になるように全断面を完全に溶け込ませる溶接。母材の端部を切り欠いて開先をとり，そこに溶着金属を盛り込んで溶接継目を形づくる。
隅肉溶接	隅角部に溶着金属を盛って接合する。母材間の角度が 60°以下、または 120°以上の場合には，隅肉溶接に応力を負担させてはならない。有効長さは，溶接の全長からサイズの2倍を差し引いた値。

高力ボルトと溶接の併用

- 原則として，すべての力を溶接で負担する。
- 高力ボルトを先に締め付ける場合は，両方の許容耐力を加算してよい。

問1 答4 ★正しくは，

　鋼材は，強くて粘りがあるため，変形能力が大きい。座屈，変形，ねじれ等に対する注意が必要である。

問2 答2 ★正しくは，

　母材の端部を切り欠いて開先をとり，そこに溶着金属を盛り込んで溶接継目を形づくるのは，溶込み溶接である。

建築
構造

8　鉄骨構造

問3
★★
鉄骨構造に関する記述として，**最も不適当なもの**はどれか。

1. 厚さの異なる板をボルト接合する際に設けるフィラープレートは，板厚の差による隙間を少なくするために用いる。

2. ダイアフラムは，柱と梁の接合部に設ける補強材である。

3. ガセットプレートは，節点に集まる部材相互の接合のために設ける部材である。

4. 添え板（スプライスプレート）は，梁のウェブの座屈防止のために設ける補強材である。

問4
★★
鉄骨構造に関する記述として，**最も不適当なもの**はどれか。

1. 合成梁に用いる頭付きスタッドは，鉄骨梁と鉄筋コンクリート床スラブが一体となるように設ける部材である。

2. エンドタブは，溶接時に溶接線の始終端に取り付けられる補助部材である。

3. 筋かいは，棒鋼や形鋼を用いるもので，主に圧縮力に働く部材である。

4. 裏当て金は，完全溶込み溶接を片面から行うために，溶接線に沿って開先ルート部の裏側に取り付けられる鋼板である。

鉄骨構造の部材

ダイアフラム	柱と梁の接合部に設ける補強材。
スチフナー	梁のウェブの座屈防止のために設ける補強材。
スプライスプレート	ボルト接合の際に，母材に添える添え板。
フィラープレート	厚さの異なる板をボルト接合する際に、すき間を埋める板。
ガセットプレート	節点に集まる部材相互の接合に用いる板。
頭付きスタッド	合成梁において，鉄骨梁と鉄筋コンクリート床スラブが一体となるように設ける部材。
エンドタブ	溶接時に溶接線の始終端に取り付ける補助部材。

筋かい

丸鋼	主に引張力に働く。
形鋼	圧縮力，引張力の両方に働く。

問3 答4 ★正しくは，

スプライスプレートは，ボルト接合の際に母材に添える添え板である。なお，梁のウェブの座屈防止のために設けるのは，スチフナーである。

問4 答3 ★正しくは，

筋かいは，圧縮力，引張力の両方に働くように用いる。なお，丸鋼を用いる筋かいは，主に引張力に働く。

建築
構造

9　基礎構造

問1 ★★★

杭基礎に関する記述として，**最も不適当なもの**はどれか。

1. 杭基礎は，一般に直接基礎で建物自体の荷重を支えられない場合に用いられる。
2. 杭は，支持形式による分類から大別して，支持杭と摩擦杭がある。
3. 摩擦杭は，硬い地層に杭先端を貫入させ，主にその杭の先端抵抗力で建物を支持する。
4. 杭基礎の工法には，打込み杭，埋込み杭，場所打ちコンクリート杭などがある。

問2 ★★

地盤及び基礎構造に関する記述として，**最も不適当な**ものはどれか。

1. 直接基礎は，基礎スラブの形式によって，フーチング基礎とべた基礎に大別される。
2. 直接基礎の鉛直支持力は，基礎スラブの根入れ深さが深くなるほど小さくなる。
3. 同一建築物に杭基礎と直接基礎など異種の基礎を併用することは，なるべく避ける。
4. 洪積層は，沖積層に比べ建築物の支持地盤として適している。

解答・解説

基礎の分類

杭の支持形式

支持杭	杭先端を硬い地層に貫入させ，その先端抵抗力で支える。
摩擦杭	杭周面の摩擦力で建物を支える。

杭基礎の工法

打込み杭	既製杭を打撃または振動によって地中に貫入させる。
埋込み杭	既製杭を自沈または回転圧入によって所定の深さに沈設する。
場所打ち コンクリート杭	地盤を削孔し，その中に鉄筋かごを挿入し，コンクリートを打ち込む。

直接基礎の鉛直支持力

- 基礎スラブの根入れ深さが深くなるほど大きくなる。

異種基礎の併用

- 異種の基礎を併用すると，不同沈下が生じやすくなるため，杭基礎と直接基礎の併用，支持杭と摩擦杭の併用などは，原則として避ける。

問1 答3 ★正しくは，

　硬い地層に杭先端を貫入させ，その杭の先端抵抗力で建物を支持するのは，支持杭である。

問2 答2 ★正しくは，

　直接基礎の鉛直支持力は，基礎スラブの根入れ深さが深くなるほど大きくなる。

建築
構造

10　構造設計

問 1 ★★★	構造材料の力学的性質に関する記述として，**最も不適当なもの**はどれか。

1. 一定の大きさの持続荷重によって，時間とともにひずみが増大する現象をクリープという。
2. 物体に外力を加えて変形した後に，外力を除いても，変形が残る性質を弾性という。
3. 弾性係数の一つで，垂直応力度σと材軸方向のひずみ度εとの比（σ／ε）をヤング係数という。
4. 細長い材の材軸方向に圧縮力が生じているとき，その力がある限界を超えると，その材が安定を失って曲がる現象を座屈という。

問 2 ★★	建築物の構造設計における荷重及び外力に関する記述として，**最も不適当なもの**はどれか。

1. 風力係数は，建築物の断面及び平面の形状に応じて定められた数値とするか，風洞実験によって定める。
2. 風圧力は，地震力と同時に作用するものとして計算する。
3. 積雪荷重は，積雪の単位荷重に屋根の水平投影面積及びその地方の垂直積雪量を乗じて計算する。
4. 固定荷重は，建築物各部自体の体積にその部分の材料の単位体積質量及び重力加速度を乗じて計算する。

構造材料の力学的性質に関する用語

クリープ	一定の大きさの持続荷重によって，時間とともにひずみが増大する現象。
座屈	部材に圧縮力が生じているとき，その力がある限界を超えると，部材が急激に変形する現象。
塑性	物体に外力を加えて変形した後に，外力を除いても，変形が残る性質。
弾性	物体に外力を加えて変形した後に，外力を除くと，元の形に戻る性質。
ポアソン比	横ひずみ度 ε_2 と縦ひずみ度 ε_1 との比（$\varepsilon_2 / \varepsilon_1$）。
ヤング係数	弾性体の応力度 σ とひずみ度 ε との比（σ / ε）。

荷重・外力に関する用語

固定荷重	建築物各部自体の体積×その部分の単位体積質量×重力加速度
積載荷重	人間や，家具・調度等の荷重。
積雪荷重	積雪の単位荷重×屋根の水平投影面積×その地方の垂直積雪量 ※雪下ろしを行う慣習のある地方では，低減することができる。
風圧力	速度圧×風力係数 ※風力係数は，風洞実験によって定める場合のほか，建築物等の断面及び平面の形状に応じて国土交通大臣が定める数値による。 風圧力は，地震力と同時に作用しないものとして算定する。

問1 答2 ★正しくは，

　物体に外力を加えて変形した後に，外力を除いても，変形が残る性質は塑性である。

問2 答2 ★正しくは，

　風圧力は，地震力と同時に作用しないものとして計算する。

建築
構造

10　構造設計

問3
★★

建築物の構造設計における荷重及び外力に関する記述として，**最も不適当な**ものはどれか。

1. 地上階における地震力は，算定しようとする階の支える荷重に，その階の地震層せん断力係数を乗じて計算する。
2. 地震層せん断力係数は，上階になるほど小さくなる。
3. 地震力は，建築物の固定荷重又は積載荷重を減ずると小さくなる。
4. 多雪区域における地震力の算定に用いる荷重は，建築物の固定荷重と積載荷重の和に積雪荷重を加えたものとする。

問4
★★★

部材の応力度及び荷重の算定とそれに用いる係数の組合せとして，**最も不適当な**ものはどれか。

1. 引張応力度の算定 ―――― 断面二次半径
2. 曲げ応力度の算定 ―――― 断面係数
3. せん断応力度の算定 ――― 断面一次モーメント
4. 座屈荷重の算定 ―――――― 断面二次モーメント

解答・解説

地震力

地上部分の地震力＝（固定荷重＋積載荷重）×地震層せん断力係数

※多雪区域においては，荷重に積雪荷重を加える。

地震層せん断力係数

＝地域係数×振動特性係数×高さ方向の分布係数×標準せん断力係数

※振動特性係数…建築物の固有周期及び地盤の種類に応じて算定される。
※高さ方向の分布係数…上層階ほど大きな値となる。

応力度・荷重の算定式

$$引張応力度＝\frac{引張力}{断面積}$$

$$圧縮応力度＝\frac{圧縮力}{断面積}$$

$$曲げ応力度＝\frac{曲げモーメント}{断面係数}$$

$$せん断応力度＝\frac{せん断力×断面一次モーメント}{断面の幅×断面二次モーメント}$$

$$座屈荷重＝\frac{\pi^2×ヤング係数×断面二次モーメント}{座屈長さの二乗}$$

問3 答2 ★正しくは，

地震層せん断力係数は，上階になるほど大きくなる。なお，地震層せん断力係数は，高さ方向の分布係数に比例し，高さ方向の分布係数は上層階ほど大きな値となる。

問4 答1 ★正しくは，

引張応力度の算定に用いられるのは，断面積である。なお，断面二次半径は，単一圧縮材の細長比の算定に用いられる。

| 力学 | # 11　応力・曲げモーメント |

問1
★★★

図に示す片持ち梁に等変分布荷重が作用したとき，C点に生じる応力の値として**正しい**ものはどれか。

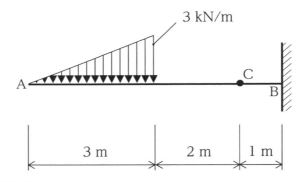

3 kN/m

A　　　　　　　　　　　　　　　C
　　　　　　　　　　　　　　　　B

3 m　　　2 m　　1 m

1.　せん断力は，3 kN である。

2.　せん断力は，9 kN である。

3.　曲げモーメントは，4.5 kN·m である。

4.　曲げモーメントは，13.5 kN·m である。

等変分布荷重が作用した片持ち梁の応力

- 等変分布荷重は，集中荷重に転換できる。

  集中荷重 $P = 3 \text{ kN/m} \times 3 \text{ m} \times \dfrac{1}{2} = 4.5 \text{ kN}$

- この集中荷重は，三角形の重心位置に作用するため，A 点から 2 m の位置に作用している。

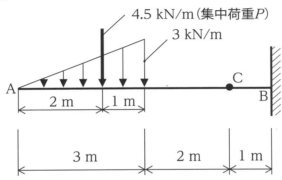

- この場合，せん断力は距離にかかわらず一定であり，P と同じである。
  C 点のせん断力 $Q_C = P = 4.5 \text{ kN}$
- C 点における曲げモーメント M_C は，P に，その作用点から C 点までの距離をかけて求める。

  $M_C = 4.5 \text{ kN} \times (1 + 2) = 13.5 \text{ kN·m}$

▌ 問 1 答 4 ★補足すると，

上記解説より，C 点に生じる応力は，せん断力が 4.5 kN，曲げモーメントが 13.5 kN·m である。

┌─ 参考：単純梁等分布荷重のせん断力と曲げモーメント ─

スパン両端のせん断力 $Q_{max} = \dfrac{wL}{2}$

スパン中央の曲げモーメント $M_{max} = \dfrac{wL^2}{8}$

w：等分布荷重
L：梁の長さ

| 力学 | # 11　応力・曲げモーメント |

問2
★★★

図に示す単純梁に等変分布荷重が作用したときの曲げモーメント図として，正しいものはどれか。
ただし，曲げモーメントは材の引張側に描くものとする。

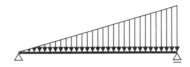

1.

2.

3.

4.

解答・解説

単純梁の曲げモーメント図

図1　　　　　集中荷重

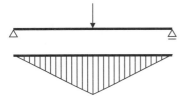

図2　　　　　等分布荷重

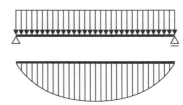

片持ち梁の曲げモーメント図

図3　　　　　集中荷重

図4　　　　　等分布荷重

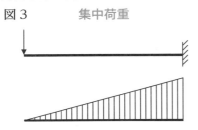

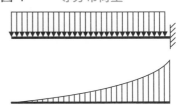

問2 **答** 3 　★補足すると，

　単純梁に等分布荷重が作用したときの曲げモーメント図は，上の図 2 のようになる。したがって，単純梁の右側にかたよる等変分布荷重が作用したときの曲げモーメント図は，選択肢 3 のようになる。

参考：単純梁にモーメント荷重が作用したときの曲げモーメント図

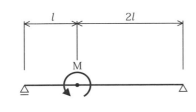

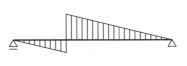

建築
材料

12　コンクリート

問1
★★★
コンクリートに関する一般的な記述として，**最も不適**当なものはどれか。

1. コンクリートの引張強度は，圧縮強度に比べて著しく低い。
2. 単位水量が多くなると，コンクリートの乾燥収縮が大きくなる。
3. セメントの粉末が微細なほど，コンクリートの強度発現は速くなる。
4. 水セメント比が大きいほど，コンクリートの圧縮強度は大きくなる。

問2
★★★
コンクリートに関する一般的な記述として，**最も不適**当なものはどれか。

1. 普通コンクリートの単位容積質量は，約 2.3 t/m^3 である。
2. コンクリートは，不燃材料であり，長時間火熱を受けても変質しない。
3. コンクリートの圧縮強度が大きくなると，ヤング係数は大きくなる。
4. コンクリートは，大気中の炭酸ガスやその他の酸性物質の浸透によって徐々に中性化する。

解答・解説

コンクリートの性質

強度	圧縮強度は，引張強度の 10 倍程度である。
ヤング係数	圧縮強度，単位容積質量が大きいほど，ヤング係数の値は大きくなる。
比重	普通コンクリートの気乾単位容積質量は，2.1 t/m^3 を超え 2.5 t/m^3 以下である。
熱膨張係数	鉄筋の熱膨張係数とほぼ同じである。
火熱に対する性質	不燃性だが，火熱にあうと変質する。
中性化	アルカリ性であるため，鉄骨・鉄筋の防錆効果が大きいが、大気中の炭酸ガス，湿気等によりアルカリ性が失われると，中性化が生じる。

コンクリートの調合

- セメントの粉末が微細なほど，早期強度が得られる。
- 水セメント比が小さくなるほど，耐久性が向上する。
- 単位水量が大きくなると，乾燥収縮などが大きくなる。
- 単位セメント量が大きくなると，ひび割れが生じやすくなる。

問 1 答 4　★正しくは，

　コンクリートの圧縮強度は，水セメント比が大きいほど小さくなる。つまり，水の割合が大きいほど，強度は低下する。

問 2 答 2　★正しくは，

　コンクリートは不燃材料であるが，火熱を受けると変質する。なお，500℃を超えると強度が大きく減少する。

建築
材料

13　木質材料

問1
★★★

木質材料に関する記述として，**最も不適当なもの**は
どれか。

1.　集成材は，ひき板や小角材などを繊維方向が互いに直角となるように集成接着したものである。

2.　直交集成板とは，ひき板又は小角材をその繊維方向を互いにほぼ平行にして幅方向に並べ又は接着したものを，主としてその繊維方向を互いにほぼ直角にして積層接着し，3層以上の構造を持たせたものである。

3.　フローリングボードは，1枚のひき板を基材とした単層フローリングである。

4.　パーティクルボードは，木材などの小片を接着剤を用いて熱圧成形したものである。

問2
★★★

木材の一般的な性質に関する記述として，**最も不適当**
なものはどれか。

1.　木材の乾燥収縮の割合は，年輪の繊維方向が最も小さく，接線方向が最も大きい。

2.　密度の大きい木材ほど，含水率の変化による膨張や収縮が大きい。

3.　気乾状態とは，木材の水分が完全に無くなった状態をいう。

4.　木材の熱伝導率は，密度の小さいものほど小さい。

合板・集成材

合板	3枚以上の奇数枚の薄板を，接着剤で貼り合わせたもの。
集成材	ひき板または小角材等を，その繊維方向を互いにほぼ平行にして集成接着したもの。
単板積層材	単板を繊維方向が平行になるように積層接着したもの。
直交集成板	ひき板または小角材をその繊維方向を互いにほぼ平行にして幅方向に並べるか，または接着したものを互いにほぼ直角にして積層接着したもの。
フローリングボード	1枚のひき板を基材とした単層フローリング。
フローリングブロック	ひき板を2枚以上並べて接合したものを基材とした単層フローリング。
パーティクルボード	木材などの小片を主な原料とし，接着剤を用いて熱圧成形したもの。

乾燥収縮

- 辺材は心材よりも収縮が大きい。
- 密度の大きい木材ほど，含水率の変化による膨張・収縮が大きい。
- 乾燥収縮の割合は，年輪の接線方向が最も大きく，繊維方向が最も小さい。

問1 答1 ★正しくは，

集成材は，ひき板や小角材などを繊維方向が互いに平行となるように集成接着したものである。

問2 答3 ★正しくは，

気乾状態とは，大気中の水分と木材の含有水分が平衡になった状態をいう。木材の水分が完全に無くなった状態は，全乾状態である。

建築
材料

13　木質材料

問3
★★★

木材に関する一般的な記述として，**最も不適当なもの**はどれか。

1. 繊維に直交する方向の引張強さは，繊維方向の引張強さより小さい。

2. 節は，断面の減少や応力集中をもたらし，強度を低下させる。

3. 木材の強度は，繊維飽和点以下では，含水率の減少とともに低下する。

4. 木材の強度は，含水率が同じ場合，密度の大きいものほど大きい。

問4
★★

木材に関する一般的な記述として，**最も不適当なもの**はどれか。

1. 心材は，辺材に比べて腐朽菌や虫害に対して抵抗が低い。

2. 心材は，辺材に比べて耐久性が大きい。

3. 木材の曲り，ねじれ及び反りは，一般に広葉樹の方が針葉樹に比べ大きい。

4. 針葉樹は，広葉樹に比べ，一般的に軽量で加工がしやすい。

解答・解説

木材の強度

- 繊維飽和点以下では，含水率の減少につれて強度が増大する。
- 繊維飽和点以上では，含水率が変化しても強度はほぼ一定である。
- 含水率が同じ場合，密度の大きいものほど強度が大きい。
- 同一乾燥状態では，比重の大きいものほど強度が大きい。
- 有節材は，無節材より強度が小さい。
- 繊維方向の圧縮強度・引張強度は，繊維に直交する方向の圧縮強度・引張強度より10倍程度大きい。

含水率と強度との関係

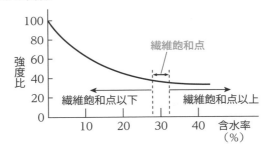

木材の一般的性質

- 辺材は心材に比較して耐久性が劣り，虫害を受けやすい。
- 針葉樹は広葉樹に比べ，一般的に軽量で，ねじれや反りが小さい。
- 木材の熱伝導率は，密度の小さいものほど小さく，含水率の小さいものほど小さくなる。

問3 答 3 ★正しくは，

　木材の強度は，繊維飽和点以下では，含水率の減少とともに増大する。つまり，よく乾燥したものほど強度は大きくなる。

問4 答 1 ★正しくは，

　心材は，辺材に比べて腐朽菌や虫害に対して抵抗が高い。

建築
材料

14　鋼　材

問 1
★★★

鋼の一般的な性質に関する記述として，**最も不適当な**ものはどれか。

1. 鋼は弾性限度内であれば，引張荷重を取り除くと元の状態に戻る。
2. 鋼の引張強さは，250 ~ 300 ℃程度で最大となり，それ以上の高温になると急激に低下する。
3. 鋼は炭素含有量が多くなると，ねばり強さや伸びが大きくなる。
4. 鋼は炭素含有量が多くなると，溶接性が低下する。

問 2
★★★

日本産業規格 (JIS) に規定する構造用鋼材に関する記述として，**最も不適当なもの**はどれか。

1. 溶接構造用圧延鋼材は，SM 材と呼ばれ，溶接性に優れた鋼材である。
2. 建築構造用圧延鋼材は，SN 材と呼ばれ，性能により A 種，B 種，C 種に分類される。
3. 一般構造用圧延鋼材は，SSC 材と呼ばれ，一般的に使用される鋼材である。
4. 建築構造用炭素鋼鋼管は，STKN 材と呼ばれ，材質を SN 材と同等とした円形鋼管である。

解答・解説

鋼の一般的性質

- 炭素含有量が多くなると，ねばり強さや伸びが小さくなる。
- 炭素含有量が多くなると，溶接性が低下する。
- 弾性限度内であれば，引張荷重を取り除くと元の状態に戻る。
- 鋼の引張強さは，250 〜 300℃程度で最大となり，それ以上の高温になると急激に低下する。
- 熱処理によって，強度などの機械的性質を変化させることができる。

鋼材の種類

一般構造用圧延鋼材（SS 材）	一般的に使用される鋼材。
溶接構造用圧延鋼材（SM 材）	溶接性に優れた鋼材。
建築構造用圧延鋼材（SN 材）	性能によりA 種,B 種,C 種に分類される。
一般構造用軽量形鋼（SSC 材）	建築等の構造物に使用される鋼材。
一般構造用炭素鋼鋼管（STK 材）	土木・建築等の構造物に使用される炭素鋼鋼管。
一般構造用角形鋼管（STKR 材）	土木・建築等の構造物に使用される角形鋼管。
建築構造用炭素鋼鋼管（STKN 材）	材質を SN 材と同等とした円形鋼管。

問1 答3 ★正しくは，

　鋼は炭素含有量が多くなると，ねばり強さや伸びが小さくなる。なお，引張強さと硬さは増す。

問2 答3 ★正しくは，

　一般構造用圧延鋼材は，SS 材と呼ばれる。なお，SSC 材は，一般構造用軽量形鋼である。

建築
材料

15　セラミックタイル

問1
★★★

日本産業規格（JIS）に規定するセラミックタイルに関する記述として，**最も不適当なもの**はどれか。

1. セラミックタイルは，粘土又はその他の無機質材料を成形し，高温で焼成した，厚さ40mm未満の板状の不燃材料をいう。

2. 素地は，タイルの主体をなす部分をいい，施ゆうタイルの場合，表面に施したうわぐすりも含まれる。

3. 表張りユニットタイルとは，多数個並べたタイルの表面に，表張り紙を張り付けて連結したものをいう。

4. 裏連結ユニットタイルとは，多数個並べたタイルの裏面や側面を，ネットや台紙等の裏連結材で連結したものをいう。

問2
★★

日本産業規格（JIS）に規定するセラミックタイルに関する記述として，**最も不適当なもの**はどれか。

1. 床に使用可能なタイルの耐摩耗性には，耐素地摩耗性と耐表面摩耗性がある。

2. うわぐすりの有無による種類には，施ゆうと無ゆうがある。

3. タイルの吸水率による種類は，Ⅰ類，Ⅱ類，Ⅲ類に区分される。

4. セメントモルタルによる外壁タイル後張り工法で施工するタイルの裏あしの形状は，あり状としなくてもよい。

セラミックタイルの用語・定義

セラミックタイル	粘土またはその他の無機質原料を成形し，高温で焼成した，厚さ 40 mm 未満の板状の不燃材料。
素地	タイルの主体をなす部分。施ゆうタイルの場合は，うわぐすりを除いた部分。
施ゆうタイル	表面にうわぐすりを施したタイル。
無ゆうタイル	うわぐすりを施さず，素地がそのまま表面状態となるタイル。
ユニットタイル	施工しやすいように，多数個のタイルを並べて連結したもの（タイル先付けプレキャストコンクリート工法に用いるものは含まない）。
表張りユニットタイル	タイルの表面に表張り台紙を張り付けて連結したもの。
裏連結ユニットタイル	タイルの裏面や側面を裏連結材で連結したもの。

タイル・タイルユニットの種類

成形方法	押出し成形，プレス成形
吸水率	I 類（3.0％以下），II 類（10.0％以下），III 類（50.0％以下）
うわぐすりの有無	施ゆう，無ゆう

問1 答2 ★正しくは，

　素地は，タイルの主体をなす部分をいい，施ゆうタイルの場合，うわぐすりを除いた部分である。

問2 答4 ★正しくは，

　セメントモルタルによる外壁タイル後張り工法で施工するタイルの裏あしの形状は，あり状とする。

建築
材料

16　防水材料

問 1
★★★

防水材料に関する記述として，最も不適当なものは
どれか。

1.　アスファルトルーフィングは，有機天然繊維を主原料とした原紙
にアスファルトを浸透，被覆し，表面側のみに鉱物質粉末を付着
させたものである。

2.　ストレッチルーフィングは，有機合成繊維を主原料とした不織布
原反にアスファルトを浸透，被覆し，表裏両面に鉱物質粉末を付
着させたものである。

3.　砂付あなあきアスファルトルーフィングは，下地と防水層を絶縁す
るために用いる。

4.　網状アスファルトルーフィングは，立上り防水層の張りじまいや
貫通配管回り等の増張りに用いる。

主な防水材料

アスファルトフェルト	有機天然繊維を主原料とした原紙にアスファルトを浸透させたもの。
アスファルトルーフィング	原紙にアスファルトを浸透，被覆し，表裏面に鉱物質粉末を付着させたもの。
網状アスファルトルーフィング	天然または有機合成繊維で作られた粗布にアスファルトを浸透，付着させたもの。
ストレッチルーフィング	有機合成繊維を主原料とした不織布原反にアスファルトを浸透，被覆し，表裏面に鉱物質粉末を付着させたもの。
アスファルトプライマー	ブローンアスファルト等を揮発性溶剤に溶解したもの。

防水材料の用途

砂付あなあきアスファルトルーフィング	下地と防水層を絶縁するために用いる。
網状アスファルトルーフィング	立上り防水層の張りじまいや，貫通配管回り等の増張りに用いる。
アスファルトプライマー	下地と防水層の接着性を向上させるために用いる。
合成高分子系ルーフィングシート	下地に張り付けてシート防水層を形成するために用いる。

問1 答1 ★正しくは，

　アスファルトルーフィングは，有機天然繊維を主原料とした原紙にアスファルトを浸透，被覆し，表面側のみではなく，表裏両面に鉱物質粉末を付着させたものである。

建築
材料

17　シーリング材

| 問1 ★★ | シーリング材に関する記述として，**最も不適当なもの**はどれか。 |

1. ポリウレタン系シーリング材は，施工時の気温や湿度が高いと発泡のおそれがある。
2. シリコーン系シーリング材は，耐候性，耐久性に優れている。
3. シリコーン系シーリング材は，表面への塗料の付着性が悪い。
4. アクリルウレタン系シーリング材は，ガラス回り目地に適している。

| 問2 ★★ | シーリング材に関する記述として，**最も不適当なもの**はどれか。 |

1. 2成分形シーリング材は，施工直前に基剤，硬化剤などを練り混ぜて使用する。
2. ポリサルファイド系シーリング材は，表面の仕上塗材や塗料を変色，軟化させることがある。
3. エマルションタイプアクリル系シーリング材は，0℃以下での施工は避ける。
4. 変成シリコーン系シーリング材は，耐熱性及び耐寒性が良好で，ガラス越しの耐光接着性に優れている。

解答・解説

シーリング材の分類

1成分形	エマルションタイプ…水分の蒸発乾燥によって硬化する。 溶剤タイプ…溶剤揮発によって硬化する。
2成分形	基剤と硬化剤とを混合する。

シーリング材の特徴

シリコーン系	• 耐候性・耐熱性・耐寒性・耐久性に優れる。 • 紫外線による変色が少ない。 • 表面への塗料の付着性が悪い。
変成シリコーン系	• ガラス越しの耐光接着性に劣る。
ポリサルファイド系	• 表面の仕上塗材や塗料を変色・軟化させることがある。
ポリウレタン系	• 施工時の気温や湿度が高いと発泡のおそれがある。 • ガラス回り目地に適していない。
アクリルウレタン系	• 表面にタックが付くことがある。 • ガラス回り目地に適していない。
エマルションタイプ アクリル系	• 0℃以下での施工は避ける。

問1 答4 ★正しくは,

アクリルウレタン系シーリング材は,ガラス回り目地には適していない。ガラス回りにはシリコーン系シーリング材を用いる。

問2 答4 ★正しくは,

変成シリコーン系シーリング材は,耐熱性及び耐寒性は良好だが,ガラス越しの耐光接着性が劣るため,ガラス回りの使用には注意を要する。

建築
材料

18　内装材料

問1
★★
内装材料に関する記述として，**最も不適当なもの**はどれか。

1. インシュレーションボードは，断熱性に優れている。

2. シージングせっこうボードは，両面のボード用原紙及び芯のせっこうに防水処理を施したものである。

3. シージングせっこうボードは，普通せっこうボードに比べ吸水時の強度低下が少ない。

4. 強化せっこうボードは，芯のせっこうに有機質繊維を混入した上で油脂をしみ込ませ，強度を向上させたものである。

問2
★★
内装材料に関する記述として，**最も不適当なもの**はどれか。

1. 木毛セメント板は，断熱性，吸音性に優れている。

2. ロックウール化粧吸音板は，吸音性，耐水性に優れている。

3. けい酸カルシウム板は，石灰質原料，けい酸質原料，繊維等を原料とし，成形後に高温高圧蒸気養生を施したもので，軽量で耐火性，断熱性がよい。

4. フレキシブル板は，セメント，無機質繊維を主原料とし，成形後に高圧プレスをかけたもので，強度が高く，可とう性がある。

ボード類の種類

シージングせっこうボード	両面紙とせっこうの芯に防水処理を施したもので，普通せっこうボードに比べ吸水時の強度低下，変形が少ない。
強化せっこうボード	ボードの芯材にガラス繊維を混入し，火災を被ってもひび割れや脱落が生じにくくしたもの。
ロックウール化粧吸音板	火成岩にせん鉄，ニッケル鉱等の鉱さいを配合した鉱石を溶かし，繊維化したもので，吸音性，耐火性に優れる。
木毛セメント板	木材の木毛とセメント等の添加剤を主原料として圧縮成形したもので，断熱性，吸音性に優れる。
フレキシブル板	セメント，無機質繊維を主原料として高圧プレスをかけたもので，強度が高く，可とう性がある。
けい酸カルシウム板	石灰質，けい酸質，繊維等を原料とし，成形後に高温高圧蒸気養生を施したもので，軽量で耐火性，断熱性がよい。
パーティクルボード	木材の小片を接着剤を用いて熱圧成形したもので，遮音性，断熱性，耐久性，防火性に優れる。
インシュレーションボード	主に植物繊維を成形したもので，断熱性に優れる。

問1 答4 ★正しくは，

　強化せっこうボードは，芯にガラス繊維を混入したもので，防・耐火構造の構成材に用いられる。

問2 答2 ★正しくは，

　ロックウール化粧吸音板は，吸音性，耐火性に優れるが，耐水性には優れない。

性能
項目

19　建具の性能項目

問1
★★★
JIS（日本産業規格）に規定する建具の性能試験における
性能項目に関する記述として，**最も不適当なもの**はどれか。

1. 耐衝撃性とは，衝撃力に耐える程度をいう。

2. 断熱性とは，建具表面の結露の発生を防ぐ程度をいう。

3. 遮熱性とは，日射熱を遮る程度をいう。

4. 開閉力とは，開閉操作に必要な力の程度をいう。

問2
★★★
JIS（日本産業規格）に規定する建具の性能試験における
性能項目に関する記述として，**最も不適当なもの**はどれか。

1. 強さとは，外力に耐える程度をいう。

2. 水密性とは，風雨による建具室内側への水の浸入を防ぐ程度をい

う。

3. 気密性とは，空気のもれを防ぐ程度をいう。

4. 耐候性とは，環境の変化に対して形状寸法が変化しない程度をい

う。

JIS に規定する建具の性能項目

強さ	外力に耐える程度
耐風圧性	風圧力に耐える程度
耐衝撃性	衝撃力に耐える程度
気密性	空気のもれを防ぐ程度
水密性	風雨による建具室内側への水の浸入を防ぐ程度
遮音性	音を遮る程度
断熱性	熱の移動を抑える程度
遮熱性	日射熱を遮る程度
結露防止性	建具表面の結露の発生を防ぐ程度
防火性	火災時の延焼防止の程度
面内変形追随性	地震によって生じる面内変形に追随し得る程度
耐候性	構造，強度，表面状態などがある期間にわたり使用に耐え得る品質を保持している程度
形状安定性	環境の変化に対して形状寸法が変化しない程度
開閉力	開閉操作に必要な力の程度
開閉繰返し	開閉繰返しに耐え得る程度

問1 答2 ★正しくは，

　断熱性とは，熱の移動を抑える程度をいう。2 の記述は，結露防止性のことである。

問2 答4 ★正しくは，

　耐候性とは，構造，強度，表面状態などがある期間にわたり使用に耐え得る品質を保持している程度をいう。4 の記述は，形状安定性のことである。

| 外構工事 | **20　舗装工事** |

問1 ★★★　アスファルト舗装工事に関する記述として，**最も不適当なもの**はどれか。

1. アスファルト舗装は，交通荷重及び温度変化に対してたわみ変形する。

2. アスファルト舗装の表層から路盤までの厚さは，路床土の設計CBRの値が大きいほど薄くできる。

3. タックコートは，基層と表層を密着し，一体化する役割を持っている。

4. プライムコートは，路床の仕上がり面を保護し，路床と路盤との接着性を向上させる役割を持っている。

問2 ★★　構内舗装工事に関する記述として，**最も不適当なもの**はどれか。

1. 路盤は，舗装路面に作用する荷重を分散させて路床に伝える役割を持っている。

2. コンクリート舗装に用いるコンクリートのスランプの値は，一般の建築物に用いるものより大きい。

3. 路床は，地盤が軟弱な場合を除いて，現地盤の土をそのまま十分に締め固める。

4. クラッシャランとは，岩石を割り砕いたままで，ふるい分けをしていない砕石のことである。

舗装工事に関する用語

CBR	路床・路盤の支持力を表す指数。値が大きいほど支持力が高い。
路床	アスファルト混合物層またはコンクリート版及び路盤を通じて分散された交通荷重を最終的に支える部分。通常は現地盤の土をそのまま利用する。
路盤	舗装路面に作用する荷重を分散させて路床に伝える役割を果たす部分。
基層	路盤の不陸を整正し，表層に加わる荷重を均一に路盤に伝える役割を果たす部分。
表層	交通荷重による摩耗とせん断力に抵抗し，平坦ですべりにくい走行性を確保する役割を果たす部分。
プライムコート	路盤の仕上がり面を保護し，路盤と基層との接着性を高めるために使用される。
タックコート	基層と表層の接着性を高めるために使用される。
クラッシャラン	岩石を割り砕いたままで，ふるい分けをしていない砕石。下層路盤工に用いる。
スランプ	コンクリートの流動性を表す目安。スランプの値が大きいほど流動性が高い。

問1 答4 ★正しくは，

　プライムコートは，路盤の仕上がり面を保護し，基層と路盤との接着性を向上させる役割を持っている。

問2 答2 ★正しくは，

　コンクリート舗装に用いるコンクリートのスランプの値は，一般の建築物に用いるものより小さく，流動性の低いものとする。

| 測量 | **21　測　量** |

問 1

★★★

測量の種類とそれに用いる機器の組合せとして，最も不適当なものはどれか。

1. 距離測量————————鋼製巻尺
2. 平板測量————————レベル
3. 水準測量————箱尺
4. 角測量————————————セオドライト

問 2

★★

鋼製巻尺を用いる距離測定において，距離の補正を行う場合，最も必要のないものはどれか。

1. 温度による補正
2. 湿度による補正
3. 尺定数による補正
4. 傾斜による補正

解答・解説

測量の種類と機器

測量の種類	使用する機器
距離測量	• 鋼製巻尺　　• ポール • 光波測距儀
角測量	• セオドライト
水準測量	• 箱尺（標尺）　• レベル
平板測量	• アリダード • 平板 • 求心器 • 磁針箱

距離測量の補正

機器	補正項目
鋼製巻尺	• 尺定数　• 張力　• たるみ • 温度　　• 傾斜
光波測距儀	• 機械定数　• 温度　• 傾斜

問1 答 2　★正しくは

　平板測量には，アリダード，求心器などを使用する。なお，レベルは，水準測量に用いる機器である。

問2 答 2　★補足すると，

　鋼製巻尺は，湿度による影響をほとんど受けないので，最も補正の必要がない。なお，巻尺製造時に発生する誤差を補正するための尺定数や，巻尺を引っ張ったときの張力による伸び，巻尺の自重によるたるみ，温度による膨張，収縮などは考慮する必要がある。

| 建築設備 | **22　構内電気設備** |

問1
★★★

　日本産業規格（JIS）に規定する構内電気設備の名称とその配線用図記号の組合せとして，**最も不適当なもの**はどれか。

1. 蛍光灯 ——————————————————
2. 換気扇 ——————————————————
3. 情報用アウトレット（LANケーブル端子）——
4. 分電盤 ——————————————————

問2
★★★

　照明設備に関する一般的な記述に関する記述として，**最も不適当なもの**はどれか。

1. Hf蛍光ランプは，ちらつきが少なく，主に事務所などの照明に用いられる。

2. LEDは，高効率で他の照明器具に比べ寿命が長く，省エネ対策として広く用いられる。

3. ハロゲン電球は，低輝度であり，主に道路やトンネルの照明に用いられる。

4. メタルハライドランプは，演色性がよく，主にスポーツ施設などの照明に用いられる。

構内電気設備の配線用図記号

蛍光灯	
換気扇	
配電盤	
制御盤	
分電盤	
情報用アウトレット（LAN ケーブル端子）	

照明設備の種類

LED 照明	長寿命で消費電力が低く，省エネ対策として使用される。
ハロゲン電球	高効率，高輝度で，光色・演色性がよく，店舗等の照明に使用される。
Hf 蛍光ランプ	高効率でちらつきが少なく，事務所等で使用される。
高圧ナトリウムランプ	効率がよく寿命が長いので，体育館等の高天井で使用される。
低圧ナトリウムランプ	橙黄色の単色光で，道路やトンネル等で使用される。
メタルハライドランプ	効率と演色性がよく，スポーツ施設等の大空間で使用される。

問1 答4 ★正しくは，

配電盤を示す図記号である。

問2 答3 ★正しくは，

ハロゲン電球は，高効率，高輝度で，店舗等の照明や投光用の照明に使用される。なお，道路やトンネルの照明に使用されるのは，低圧ナトリウムランプである。

建築
設備

23　防災設備

問1
★★★

防災設備に関する記述として，**最も不適当なもの**はどれか。

1. 避難口の上部等に設ける避難口誘導灯は，避難口の位置の明示を主な目的とする避難設備である。
2. 傾斜路に設ける通路誘導灯は，避難上必要な床面照度の確保と避難の方向の確認を主な目的とする避難設備である。
3. 劇場の客席に設ける客席誘導灯は，客席から一番近い避難口の方向の明示を主な目的とする避難設備である。
4. 自動火災報知設備は，火災発生時に煙又は熱を感知し，自動的にベルやサイレンを鳴らす警報設備である。

問2
★★

自動火災報知設備の感知器に関する記述として，**最も不適当なもの**はどれか。

1. 光電式スポット型煙感知器は，火災時の一局所の煙により光電素子の受光量が変化することにより作動する。
2. 光電式分離型煙感知器は，天井が高い場合や吹抜けモール部分などの場所に適している。
3. 差動式分布型熱感知器は，湯沸室や厨房などの温度変化が激しい場所に適している。
4. 定温式スポット型熱感知器は，火災時の熱により一局所が一定温度に達することにより作動する。

誘導灯

避難口誘導灯	避難口の位置の明示が主な目的。
通路誘導灯	避難の方向の確認が主な目的。
客席誘導灯	避難上必要な床面照度の確保が主な目的。

警報設備

自動火災報知設備	火災発生時に煙または熱を感知し，自動的にベルやサイレンを鳴らす設備。
非常ベル	自動火災報知設備に連動し，または人が操作して災害の発生を知らせる設備。

自動火災報知設備の感知器

熱感知器	差動式	周囲の温度上昇率が一定の値以上になったときに火災信号を発信。
	定温式	一局所の周囲の温度が一定の値以上になったときに火災信号を発信。
煙感知器	光電式スポット型	一局所の周囲の空気が一定の濃度以上の煙を含むにいたったときに火災信号を発信。
	光電式分離型	広範囲に累積した煙が一定の濃度以上になったときに火災信号を発信。

問1 答 3 ★正しくは，

　客席誘導灯は，客席に避難上必要な床面照度を確保することを主な目的とする避難設備である。

問2 答 3 ★正しくは，

　差動式熱感知器は，温度変化が激しい場所には適していない。なお，温度変化が激しい場所には，定温式熱感知器を使用する。

| 建築設備 | **24　給排水設備** |

問1
★★

給排水設備に関する記述として，**最も不適当なもの**はどれか。

1. 水道直結直圧方式は，水道本管から分岐した水道引き込み管に増圧給水装置を直結し，建物各所に給水する方式である。
2. 公共下水道の排水方式には，汚水と雨水を同一系統で排除する合流式と，別々の系統で排除する分流式とがある。
3. 給水タンクの容量は，1日の予想給水量をもとに，給水能力や使用時間などを考慮して決める。
4. 飲料水用の給水タンクは，外部からタンクの天井，底及び周壁の保守点検を行うことができるように設ける。

問2
★★★

屋外排水設備に関する記述として，**最も不適当なもの**はどれか。

1. 地中埋設排水管の長さが，その内径又は内法幅の120倍を超えない範囲内で，桝又はマンホールを設ける。
2. 地中埋設排水経路に桝を設ける場合，雨水桝にはインバートを，汚水桝には泥だめを設ける。
3. 地中埋設排水管の勾配は，原則として，$\dfrac{1}{100}$ 以上とする。
4. 排水管を給水管に平行して埋設する場合，原則として，両配管は500 mm以上のあきを設ける。

給水方式

水道直結方式	直圧方式	水道本管から給水管を引き込み，直接，水道の圧力を利用して各水栓に給水する。
	増圧方式	水道本管から給水管を分岐して引き込み，増圧給水設備を直結して各水栓に給水する。
高置水槽方式		受水槽に一度水を貯め，揚水ポンプで屋上等の高置水槽に揚水し，自然落下による水圧で各水栓に給水する。
		受水槽に貯水した水をポンプで圧力水槽内に送り，水槽内の空気を圧縮してその圧力で必要箇所に給水する。
		受水槽内に貯水した水を，給水ポンプで直接加圧し，必要箇所に給水する。

排水設備

配管勾配	原則として，$\dfrac{1}{100}$ 以上とする。
トラップ	封水により，管内の悪臭・ガス・虫等が室内に侵入するのを防ぐ。
排水桝	雨水桝には，底部に泥だめを設ける。
	汚水桝には，底部にインバートを設ける。

問1 答1 ★正しくは，

　水道直結直圧方式は，水道本管から給水管を引き込み，直接，水道の圧力を利用して各水栓に給水する。1は，水道直結増圧方式についての記述である。

問2 答2 ★正しくは，

　雨水桝には泥だめを，汚水桝にはインバートを設ける。

建築
設備

25　空気調和設備

問1
★★★

空気調和設備に関する記述として，最も不適当なものはどれか。

1. 単一ダクト方式は，主機械室の空気調和機から各室まで，単一のダクトで冷風又は温風を送る方式である。
2. 変風量単一ダクト方式は，VAVユニットの開度を調整することにより，送風量を変化させることで室温を制御する方式である。
3. 定風量単一ダクト方式は，一定の風量で送風するシステムであり，負荷変動の異なる複数の空間に適する方式である。
4. 二重ダクト方式は，別々の部屋で同時に冷房と暖房を行うことができる方式である。

問2
★★★

空気調和設備に関する記述として，最も不適当なものはどれか。

1. パッケージ方式は，機械室，配管，ダクト等のスペースが少なくてすむ。
2. パッケージユニット方式は，機内に冷凍機，ファン，冷却コイル，加熱コイル等を内蔵した一体型の空調機を使用するものである。
3. ファンコイルユニット方式は，各ユニットごとの温度調節はできない。
4. 各階ユニット方式は，各階ごとに空調機を分散設置して空調を行う方式で，各階ごとの負荷変動に対応できる。

空気調和方式

単一ダクト方式	主機械室の空気調和機から各室まで，単一のダクトで冷風または温風を送る方式。
定風量単一ダクト（CAV）方式	一定の風量で送風する方式。部分的な負荷変動が少ない劇場，オーディトリウムに適する。
変風量単一ダクト（VAV）方式	室内負荷の変動に応じて，送風量を変化させることで室温を制御する方式。
二重ダクト方式	冷風・温風の2系統のダクトを設置し，混合ユニットで室内に吹き出すことにより室温を制御する方式。別々の部屋で同時に冷房と暖房を行うことができる。
ファンコイルユニット方式	熱源機器でつくられた冷水や温水を各室のファンコイルユニットに供給し，冷風や温風を吹き出す方式。ユニットごとの温度調節が容易である。
パッケージユニット方式	機内に冷凍機・ファン・冷却コイル・加熱コイル等を内蔵した一体型の空調機を使用する方式。
各階ユニット方式	階ごとに空調機を分散設置して空調を行う方式。階ごとの負荷変動に対応できる。

問1 答3 ★正しくは，

　定風量単一ダクト方式は，一定の風量で送風するシステムであり，負荷変動の異なる複数の空間には適さない。

問2 答3 ★正しくは，

　ファンコイルユニット方式は，ユニットごとの温度調節が容易である。

躯体
施工

26　地盤調査

問1
★★★

地盤の標準貫入試験に関する記述として，最も不適当なものはどれか。

1. 標準貫入試験は，土の静的貫入抵抗を求めるために行う試験である。

2. 本打ちは，ハンマーの落下高さを 760 mm とし，自由落下させた。

3. ハンマーは，質量が 63.5 kg の鋼製のものを用いた。

4. 本打ちの貫入量 300 mm に対する打撃回数が 30 回であったので，その深さの N 値を 30 とした。

問2
★★★

地盤の標準貫入試験に関する記述として，最も不適当なものはどれか。

1. 貫入量 100 mm ごとの打撃回数を記録し，1 回の貫入量が 100 mm を超えた打撃は，その貫入量を記録した。

2. 本打ちの打撃回数は，特に必要がなかったので，50 回を限度として打撃を打ち切った。

3. 所定の打撃回数で，貫入量が 300 mm に達しない場合，打撃回数に対する貫入量を記録した。

4. 標準貫入試験による N 値から，粘性土の内部摩擦角が推定できる。

標準貫入試験

- 土の動的貫入抵抗を求めるために行う。
- 質量 63.5 ± 0.5 kg のハンマーを，760 ± 10 mm の高さから自由落下させて，ロッド頭部に取り付けたアンビルを打撃し，ロッドの先端に取り付けた外径 51 ± 1.0 mm，長さ 810 ± 1.0 mm の SPT サンプラーを 300 mm 打ち込むのに要する打撃回数（N 値）を測定する。
- 1 回の打撃が 100 mm を超えた打撃は，その貫入量を記録する。
- 本打ちの打撃回数は，特に必要がない場合，50 回を限度とする。

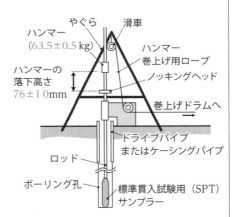

ハンマー
(63.5±0.5 kg)
やぐら　滑車
ハンマー巻上げ用ロープ
ノッキングヘッド
ハンマーの落下高さ
76±10mm
巻上げドラムへ
ドライブパイプまたはケーシングパイプ
ロッド
ボーリング孔
標準貫入試験用（SPT）サンプラー

N 値から推定される事項

砂質土地盤	• 相対密度，せん断抵抗角（内部摩擦角） • 支持力係数，弾性係数 • 沈下に対する許容支持力 • 液状化強度
粘性土地盤	• コンシステンシー，一軸圧縮強さ（粘着力） • 破壊に対する極限及び許容支持力

問1 答1 ★正しくは，

　標準貫入試験は，土の動的貫入抵抗を求めるために行う試験である。

問2 答4 ★正しくは，

　N 値からは，粘性土の内部摩擦角は推定できない。砂質土の内部摩擦角は推定できる。

躯体
施工

26　地盤調査

問3
★★
地盤の平板載荷試験に関する記述として，**最も不適当**なものはどれか。

1. 試験で求められる支持力特性は，載荷板直径の5倍程度の深さの地盤が対象となる。
2. 載荷板の沈下量を測定するための変位計は，4箇所以上設置する。
3. 試験地盤面は，載荷板の中心から1m以上の範囲を水平に整地する。
4. 載荷板は，十分な剛性をもつ直径300mm以上の円形の鋼板とする。

問4
★★
地盤調査に関する記述として，**最も不適当**なものはどれか。

1. ロータリー式ボーリングは，軟らかい地層から硬い岩盤までの地盤構成を調べることができる。
2. シンウォールサンプラーは，軟弱な粘性土の土質サンプリングに用いる。
3. スウェーデン式サウンディング試験は，密な砂層，礫層にも適用できる試験方法である。
4. ハンドオーガーボーリングは，人力でオーガーを回転圧入させ試料を採取する方法である。

解答・解説

地盤の平板載荷試験

- 極度支持力や地盤反力係数を求めるために行う。
- 載荷板は，直径 30 cm 以上の円形とし，厚さ 25 mm 以上の鋼板または同等の剛性のある板とする。
- 載荷板の中心から載荷板直径の 3 倍以上（1 m 以上）の範囲を水平に整地する。
- 地盤となじみの悪いときは薄く砂をまくか，せっこうをまく。
- 試験地盤に載荷板の直径の $\frac{1}{5}$ を超える礫が混入する場合は，より大型の載荷板に変更する。
- 試験地盤が常水面以下の場合は，試験地盤以下に水位を下げないようにする。
- 載荷方法は，荷重制御により段階式載荷または段階式繰返し載荷とする。
- 載荷板直径の 1.5 ～ 2 倍程度の深さまでの支持力を調べることができる。
- 沈下量を測定する変位計は，載荷板端部に等間隔で 4 個以上垂直に設置する。

地盤調査の種類

ロータリー式ボーリング	土と岩のあらゆる地層に適用できる。
ハンドオーガーボーリング	人力でオーガーを回転圧入させて試料を採取する。
シンウォールサンプラー	軟弱な粘性土に適用できる。
スウェーデン式サウンディング試験	玉石，礫，密な砂層には適用できない。

問3 答1 ★正しくは，

試験で求められる支持力特性は，載荷板直径の 1.5 ～ 2 倍程度の深さの地盤が対象となる。

問4 答3 ★正しくは，

スウェーデン式サウンディング試験は，密な砂層，礫層など，硬い地盤には適用できない。

躯体施工

27　遣方・墨出し

問1
★★

遣方に関する記述として，**最も不適当なもの**はどれか。

1. 遣方は，建物の高低，位置，方向，心の基準を明確にするために設ける。
2. 平遣方は，建築物の隅部に設ける遣方である。
3. 水杭の頭部は，物が接触した場合等に，その変状で移動をすぐに発見できるようにいすか切りとする。
4. 水貫は，水杭に示した一定の高さに上端を合わせて，水杭に水平に取り付ける。

問2
★★★

墨出しに関する記述として，**最も不適当なもの**はどれか。

1. 地墨は，平面の位置を示すために床面に付ける墨である。
2. 通り心の墨打ちができないため，通り心より1m返りの逃げ墨を基準墨とした。
3. 高さの基準墨を柱主筋に移す作業は，台直し等を終え，柱主筋が安定した後に行った。
4. 2階より上階における高さの基準墨は，墨の引通しにより，順次下階の墨を上げた。

遣方

- 建物の高低，位置，方向，心の基準を明確にするために設ける。
- 水杭は，根切りや基礎工事に支障がない位置に打ち込み，水杭の頭部は，物が接触した場合等に，その変状で移動をすぐに発見できるようにいすか切りとする。
- 水貫は，水杭に示した一定の高さに上端を合わせて，水杭に水平に取り付ける。
- 隅遣方は隅部に，平遣方は隅部以外のところに設ける遣方である。
- 工事に支障のない所に逃げ心（基準点）を設け，養生しておく。

地墨

- 平面の位置を示すために床面に付ける墨。
- 通り心の墨打ちができないところは，割付のよい寸法（通り心より 1 m 返りなど）の逃げ墨を設け，基準墨とする。
- 基準墨の上階への移動は，墨の引通しにより順次下階の墨を上げる。

陸墨

- 水平を示すために壁面に付ける墨。
- 高さの基準墨を柱主筋に移す作業は，台直し等を終え，柱主筋が安定した後に行う。
- 2 階より上階における高さの基準墨は，1 階の基準高さからスチールテープで計測し，2 箇所以上設ける。

問1 答 2 　★正しくは，

　平遣方は，建築物の隅部以外のところに設ける遣方である。

問2 答 4 　★正しくは，

　2 階より上階における高さの基準墨は，墨の引通しによらず，1 階の基準高さから測定して設ける。

| 躯体施工 | **28　埋戻し・締固め** |

| 問1 ★★ | 土工事の埋戻しに関する記述として，最も不適当なものはどれか。 |

1. 埋戻し土に砂質土を用いるため，粒度試験を行い均等係数が小さいものを使用した。
2. 粘性土を用いた埋戻しは，長期的に見て沈下を引き起こしやすい。
3. 建設発生土に水を加えて泥状化したものに固化材を加えて混練した流動化処理土を，埋戻しに使用した。
4. 埋戻し土は，砂に適度の礫やシルトが混入された山砂を使用した。

| 問2 ★★★ | 土工事の埋戻し及び締固めに関する記述として，最も不適当なものはどれか。 |

1. 埋戻し土に粘性土を用いるため，余盛りは，砂質土を用いる場合より大きくする。
2. 密な状態に締固めるには，粒子が均一な川砂が最も適している。
3. 比較的透水性のよい山砂を用いた埋戻しでは，各層30 cm ごとに水締めで締固める。
4. 小規模な工事や入隅など狭い箇所での締固めには，振動コンパクターが適している。

解答・解説

埋戻し土

> - 透水性のよい砂質土を用い，均等係数が大きいものを選ぶ。
> - 均等係数の大きい山砂が最も適している。
> - 埋戻しに粘性土を用いる場合，その土がいちばん密実な状態に締め固められるときの含水比を最適含水比という。
> - 粘性土を用いる場合は，余盛りを砂質土の場合よりも大きくする。
> - 建設発生土に水を加えて泥状化したものに，固化材を加えた流動化処理土を使用することができる。
>
> ※均等係数…1に近いほど粒径がそろったものとなり，大きいほど粒度分布がよいものとなる。

埋戻し土の締固め

山砂類	水締め，機器による締固め
根切り土中の良質土	機器による締固め
他現場の建設発生土中の良質土	機器による締固め
再生コンクリート砂	水締め，機器による締固め

問1 答1 ★正しくは，

　埋戻し土に砂質土を用いる場合は，均等係数が<u>大きい</u>ものを使用する。

問2 答2 ★正しくは，

　密な状態に締め固めるには，粒度分布のよい<u>山砂</u>が最も適している。なお，均等係数は，1に近いほど粒径がそろったものとなり，<u>大きい</u>ほど粒度分布がよくなる。

| 躯体施工 | **29　根切り・山留め工法** |

問1
★★

根切りに関する記述として，**最も不適当なもの**はどれか。

1. 床付け面付近の掘削は，地盤を乱さないよう機械を後退させながら施工した。
2. 粘性土の床付け地盤が凍結したので，転圧により締め固めた。
3. 機械式掘削では，床付け面に達する手前でショベルの刃を平状のものに替えて，床付け面までの掘削を行った。
4. 掘削が終了したので，床付け地盤が設計図書に示してある地層，地盤と一致していることの確認を行った。

問2
★★★

根切り及び山留め工法に関する一般的な記述として，**最も不適当なもの**はどれか。

1. 法付けオープンカット工法は，掘削部周辺に敷地の余裕がある場合に適している。
2. アイランド工法は，水平切梁工法に比べ，切梁の長さが長くなる。
3. 水平切梁工法は，敷地に大きな高低差がある場合には適していない。
4. 自立山留め工法は，山留め壁の根入れ長さを十分に取る必要がある。

解答・解説

根切り底の施工

- 機械掘削では，床付け面手前で手掘りとするか，ショベルの刃を平状のものに替えて掘削を行う。
- 根切り底を乱さないように，掘削機械を後退させながら施工する。
- 砂質土の床付け地盤を乱してしまった場合は，転圧や締固めによって自然地盤と同程度の強度に戻す。
- 粘性土の床付け地盤を乱してしまったときは，砂質土と置き換えて締め固める。
- 床付け近辺の地層にボイリングが予想されるときは，ディープウェルやウェルポイントによって地下水位を低下させる。
- 根切りを完了したら，床付け面のレベルチェックや床付け地盤の状態を検査する。

根切り山留め工法の種類（1）…77 ページにつづく

法付けオープンカット工法	敷地に法面を形成するためのスペースが必要。
自立山留め工法	山留め壁の根切り深さの十分な確保が必要。
水平切梁工法	根切り平面が不整形な場合や大スパンの場合，または敷地に大きな高低差がある場合には，採用が難しい。
アイランド工法	中央部に地下躯体を先行して構築し，中央部においては切梁が不要となる。

問1 答2 ★正しくは，

　粘性土の床付け地盤が凍結した場合は，砂質土に置き換えて締め固める。

問2 答2 ★正しくは，

　アイランド工法では中央部の切梁が不要となるため，水平切梁工法に比べ，切梁の長さを短くできる。

| 躯体施工 | **29　根切り・山留め工法** |

| 問3 ★★★ | 根切り及び山留め工法に関する一般的な記述として，**最も不適当なもの**はどれか。 |

1. トレンチカット工法は，根切り部分が狭い場合に有効である。
2. 法付けオープンカット工法は，周辺に安全な勾配の法面を形成しながら根切りする方法である。
3. タイロッドアンカー工法は，山留め壁頭部の変形を抑制したい場合に有効である。
4. 地盤アンカー工法は，偏土圧となる傾斜地の山留め工事に有効である。

| 問4 ★★ | 山留め壁に関する一般的な記述として，**最も不適当な**ものはどれか。 |

1. 場所打ち鉄筋コンクリート地中壁は，軟弱地盤や根切り底が深い掘削となる施工に適している。
2. 親杭横矢板壁は，鋼矢板壁と比較して，やや固い地盤や砂礫地盤での施工に適している。
3. 鋼矢板壁は，鋼管矢板壁と比較して，根切り底が深い掘削となる施工に適している。
4. ソイルセメント壁は，地下水位の高い砂礫地盤や軟弱地盤での施工に適している。

根切り山留め工法の種類（2）

トレンチカット工法	根切り部分が広くて浅い場合に適用できる。
地盤アンカー工法	偏土圧となる傾斜地や，根切り平面が不整形な場合，大スパンの場合などに有効である。
タイロッドアンカー工法	自立高さが高い場合や山留め壁頭部の変形を抑制したい場合に有効である。

山留め壁の種類

親杭横矢板壁	遮水性がなく，鋼矢板壁と比較して，やや固い地盤や砂礫地盤での施工に適する。
鋼矢板壁	遮水性があり，鋼管矢板壁と比較して，根切り底が浅い掘削となる施工に適する。
鋼管矢板壁	鋼矢板よりも遮水性に優れ，壁体の剛性が大きく，大規模工事に適する。
ソイルセメント壁	地下水位の高い砂礫地盤や軟弱地盤での施工に適する。
場所打ち鉄筋コンクリート地中壁	軟弱地盤や根切り底が深い掘削となる施工に適する。

問3 答1 ★正しくは，

トレンチカット工法は，根切り部分が広くて浅い場合に有効である。

問4 答3 ★正しくは，

鋼矢板壁は，鋼管矢板壁と比較して，根切り底が浅い掘削となる施工に適している。

躯体
施工

30　親杭横矢板工法

問1
★★★

親杭横矢板工法に関する記述として，**最も不適当なも**のはどれか。

1. 止水性を必要としない山留め工事に用いられる。
2. 矢板背面の地山を削り取る深さは，矢板の厚みに埋戻しができる余掘り厚を加えた程度までとする。
3. 矢板は，取付けが可能な深さまでの掘削を完了した箇所から速やかに設置する。
4. プレボーリングにより親杭を設置する場合，受働抵抗を十分に発揮させるために杭の根入れ部分は良質土で充填する。

問2
★★

親杭横矢板工法に関する記述として，**最も不適当なも**のはどれか。

1. 矢板の裏側に裏込め材を十分充填した後，親杭と矢板材との間にくさびを打ち込んで，裏込め材を締め付け，安定を図る。
2. 矢板は，設置後にはずれないよう，親杭に矢板材の両端が 50 mm かかるように設置した。
3. 親杭を床付け面より下の地盤に打設することにより，根入れ部分の連続性が確保され，受働抵抗面積を大きくできる。
4. 著しく軟弱な粘土層やシルト層などの地盤，あるいは地下水位の高い地盤には適さない。

解答・解説

親杭横矢板工法の施工

- 止水性を必要としない山留め工事に用いられる。
- プレボーリングにより親杭を設置する場合，杭の根入れ部分に根固め液を注入する。
- 矢板背面の地山を削り取る深さは，矢板の厚みに埋戻しができる余掘り厚を加えた程度までとする。
- 矢板は，取付けが可能な深さまでの掘削を完了した箇所から順次速やかに設置する。
- 矢板の裏側に裏込め材を十分充填した後，親杭と矢板材との間にくさびを打ち込んで，裏込め材を締め付け，安定を図る。
- 横矢板のはずれ防止として，桟木を矢板両側に釘止めする。
- 矢板は，設置後にはずれないよう，親杭に矢板材の両端が 30 mm 以上かかるように設置する。

親杭横矢板壁

問1 答 4 ★正しくは，

　プレボーリングにより親杭を設置する場合，杭の根入れ部分には根固め液を注入する。

問2 答 3 ★正しくは，

　親杭を床付け面より下の地盤に打設した場合でも，根入れ部分については連続性がなく，受働抵抗面積が小さい。

躯体施工

31　地業工事

問1
★★★
地業工事に関する記述として，**最も不適当なもの**はどれか。

1. 砂利地業に使用する砂利は，粒径のそろった砂利よりも砂が混じった切込砂利などを用いる。
2. 砂地業に用いる砂は，締固めが困難にならないように，シルトなどの泥分が多量に混入したものを避ける。
3. 砂利地業に用いる再生クラッシャランは，岩石を破砕したものであり，品質のばらつきが大きい。
4. 砂利地業で用いる砕石は，硬質なものとする。

問2
★★★
地業工事に関する記述として，**最も不適当なもの**はどれか。

1. 捨てコンクリート地業は，掘削底面の安定化や，基礎スラブ及び基礎梁のコンクリートの流出等を防ぐために行う。
2. 砂利地業の締固めによるくぼみが生じた場合は，砂又は砂利を補充して再度転圧する。
3. 土間コンクリートに設ける防湿層のポリエチレンフィルムは，砂利地業の直下に敷き込む。
4. 砂利地業の締固めにあたっては，床付け地盤を乱さないよう注意して行う。

解答・解説

砂利地業の材料

砂利	適度な粒度の，砂が混じった切込砂利などを用いる。
砕石	砕砂と砕石の混合した切込砕石を用いる。砕石は硬質なものとする。
再生クラッシャラン	コンクリート塊を破砕したもので，品質のばらつきが大きい。

砂利地業の締固め

- 床付け地盤を破壊したり，さらに深い地盤を乱したりしないように，注意して行う。
- 層厚が厚い場合の締固めは，2層以上に分けて行う。
- 締固めによるくぼみが生じた場合は，砂・砂利などを補充して再度転圧する。

捨てコンクリート地業

- 掘削底面の安定化，基礎スラブ及び基礎梁のコンクリートの流出等を防ぐために行う。
- 捨てコンクリートは，墨出しをしやすくするため，表面を平坦にする。
- 捨てコンクリートの水分が著しく脱水するおそれがある場合は，ビニールシート等を敷いてコンクリートを打ち込む。
- 床付け地盤が堅固で良質な場合は，地盤上に直接打ち込むことができる。

問1 答3 ★正しくは，

　再生クラッシャランは，コンクリート塊を破砕したもので，品質のばらつきが大きい。

問2 答3 ★正しくは，

　土間コンクリートとは，地面や砂利地業の上に直接コンクリートを打ち込んだもので，防湿層のポリエチレンフィルムは土間コンクリートの直下に敷き込む。

躯体
施工

31　地業工事

問3
★★★

場所打ちコンクリート杭工事に関する記述として，最も不適当なものはどれか。

1. 組立てた鉄筋かご相互の主筋の接続は，原則として重ね継手とする。

2. アースドリル工法における鉄筋かごのスペーサーは，D13以上の鉄筋を用いる。

3. コンクリートのスランプは，トレミー管を通じて打ち込むため18 cmとした。

4. 杭頭の余盛りの高さは，スライムなどが混入するおそれがあるため100 cmとした。

問4
★★

既製コンクリート杭のセメントミルク工法に関する記述として，最も不適当なものはどれか。

1. アースオーガーによる掘削は，粘着力の大きな地盤や硬い地盤ほど掘削速度を遅くする。

2. オーガーヘッドは，掘削地盤によって適切な形状のものを使い，ヘッド径は杭径+100 mm程度とする。

3. 根固め液は，杭孔の先端位置から注入しはじめ，オーガーを上下させ掘削液と十分に攪拌する。

4. 杭先端を根固め液中に貫入させるため，杭を軽打又は圧入する。

解答・解説

場所打ちコンクリート杭地業

- 掘削孔に鉄筋かごを挿入し，トレミー管によりコンクリートを打ち込む。

各工法と鉄筋かごのスペーサー材料

アースドリル工法 リバース工法	鋼板
オールケーシング工法	D13 以上の鉄筋

既製コンクリート杭地業

- 大別して，打込み工法と埋込み工法があり，埋込み工法には，あらかじめ掘削した孔に杭を設置するもの（プレボーリング）と，杭先端地盤を掘削しながら杭を設置するもの（中掘り）がある。

セメントミルク工法（プレボーリング根固め工法）

- オーガーヘッドは，掘削地盤に応じて適切な形状のものを使用し，ヘッド径は杭径＋ 100 mm程度とする。
- 掘削は，地盤に適した速度で掘り進め，硬い地盤ほど速度を遅くする。
- 掘削中は，オーガーを逆回転させてはならない。
- 根固め液は，必ず先端位置から注入しはじめ，掘削液（安定液）を押し上げるようにする。

問3 **答** 2 ★正しくは，

アースドリル工法における鉄筋かごのスペーサーは，鋼板を用いる。孔壁の損傷を防ぐためである。

問4 **答** 3 ★正しくは，

根固め液は，杭孔の先端位置から注入しはじめ，掘削液を押し上げるようにする。

躯体
施工

32　鉄筋の加工・組立て

問 1
★★

鉄筋の加工及び組立てに関する記述として，**最も不適当**なものはどれか。

1. 鉄筋の折曲げ加工は，常温で行う。
2. 鉄筋末端部フックの余長の最小寸法は，折曲げ角度が大きいほど短くなる。
3. SD390，D32 の異形鉄筋を 90°曲げとする場合，折曲げ内法直径を 5 d 以上とする。
4. 鉄筋相互のあきの最小寸法は，鉄筋の強度によって決まる。

問 2
★★★

鉄筋の加工及び組立てに関する記述として，**最も不適当**なものはどれか。

1. 鉄筋の種類と径が同じ帯筋とあばら筋は，折曲げ内法直径の最小値は同じである。
2. 柱のスパイラル筋は，末端部を 135°フック付きとした。
3. 鉄筋間隔の最小値は，呼び名の数値の 1.5 倍，粗骨材最大寸法の 1.25 倍，25 mm のうち，最も大きい数値とした。
4. 鉄筋の折曲げ内法直径の最小値は，鉄筋径が大きいほど大きくなる。

鉄筋の加工・組立て

- 鉄筋は常温で加工し，組み立てる。
- 鉄筋には，点付け溶接を行わない。
- 鉄筋継手部分及び交差部の要所は，径 0.8 mm 以上の鉄線で結束する。

鉄筋の折曲げ形状及び寸法

折曲げ角度	折り曲げ内法直径（D）		
	SD295A, SD295B, SD345		SD390
	D16 以下	D19 ～ D38	D19 ～ D38
180° d ┤ D 余長	3d 以上	4d 以上	5d 以上
135°			
90°			

鉄筋相互のあき

- 以下のうち，最大のもの以上とする。
  ①粗骨材の最大寸法の 1.25 倍　②25 mm　③呼び名の数値の 1.5 倍

問 1 答 4 ★正しくは，

　鉄筋相互のあきの最小寸法は，粗骨材の最大寸法と鉄筋の径によって決まる。

問 2 答 3 ★正しくは，

　鉄筋間隔は，鉄筋相互のあきに鉄筋の最大外径を加えたものである。3 は，鉄筋相互のあきに関する記述である。

躯体
施工

33　鉄筋のかぶり厚さ

問 1
★★★

鉄筋のかぶり厚さに関する記述として，**最も不適当な**ものはどれか。

1.　かぶり厚さの確保には，火災時に鉄筋の強度低下を防止するなどの目的がある。

2.　杭基礎におけるベース筋の最小かぶり厚さは，杭頭より確保する。

3.　柱の最小かぶり厚さは，柱主筋の外側表面から確保する。

4.　鉄筋の加工及び組立てに用いるかぶり厚さは，最小かぶり厚さの値に 10 mm を加えた値とする。

問 2
★★★

鉄筋のかぶり厚さに関する記述として，**最も不適当な**ものはどれか。

1.　大梁の最小かぶり厚さは，あばら筋の外側表面から確保する。

2.　設計かぶり厚さは，最小かぶり厚さに施工精度に応じた割増しを加えたものである。

3.　屋内の耐力壁の最小かぶり厚さは，仕上げがある場合とない場合とでは異なる。

4.　D29 以上の梁主筋のかぶり厚さは，主筋の呼び名に用いた数値の1.5 倍以上とする。

解答・解説

鉄筋の最小かぶり厚さ

構造部分の種別				最小かぶり厚さ
土に接しない	スラブ，耐力壁以外の壁		仕上げ有	20 mm
			仕上げ無	30 mm
	柱，梁，耐力壁	屋　内	仕上げ有	30 mm
			仕上げ無	30 mm
		屋　外	仕上げ有	30 mm
			仕上げ無	40 mm
	擁壁，耐圧スラブ			40 mm
土に接する	柱，梁，スラブ，壁			40 mm
	基礎，擁壁，耐圧スラブ			60 mm

鉄筋のかぶり厚さ

- 設計かぶり厚さは，最小かぶり厚さに施工誤差等を見込んで割増しをしたものである。
- D29 以上の梁主筋のかぶり厚さは，主筋の呼び名に用いた数値の 1.5 倍以上とする。
- 柱・梁の鉄筋のかぶり厚さは，帯筋・あばら筋の外側から確保する。
- 打継目地部分のかぶり厚さは，目地底から確保する。
- かぶり厚さには，捨てコンクリートの厚さを含まない。
- 杭基礎のかぶり厚さは，杭頭から確保する。
- 鉄筋の加工，組立てに用いるかぶり厚さは，最小かぶり厚さに 10 mm を加えた値とする。

問1 答 3 ★正しくは，

柱の最小かぶり厚さは，帯筋の外側表面から確保する。

問2 答 3 ★正しくは，

屋内の耐力壁の最小かぶり厚さは，仕上げがある場合とない場合とで同じである。

躯体施工

34　鉄筋の継手・定着

問 1
★★★

鉄筋の継手及び定着に関する記述として，**最も不適当なものはどれか。**

1. 耐圧スラブ付きの基礎梁下端筋の継手位置は，スパンの中央部とする。

2. フック付き定着とする場合の定着長さは，定着起点からフックの折曲げ開始点までの距離とする。

3. 梁主筋を重ね継手とする場合，隣り合う継手の中心位置は，重ね継手長さの約0.5倍ずらすか，1.5倍以上ずらす。

4. スパイラル筋の柱頭及び柱脚の端部は，40d（dは異形鉄筋の呼び名の数値又は鉄筋径）の定着をとる。

問 2
★★

鉄筋のガス圧接継手に関する記述として，**最も不適当なものはどれか。**

1. 圧接端面のグラインダー掛けは，圧接作業の当日に行った。

2. 同じ種類の鉄筋であったが，呼び名の差が7mmを超えていたため，圧接継手としなかった。

3. 鉄筋に圧接器を取り付けて突き合わせたときの圧接端面間のすき間は，4mmとした。

4. 鉄筋の圧接端面は，軸線に対して直角になるように切断・加工した。

解答・解説

重ね継手の長さ

- 径が異なる鉄筋の重ね継手の長さは，細い鉄筋の径による。
- フック付き重ね継手の長さには，フック部分の長さを含めない。
- スパイラル筋の重ね継手長さは，50 d 以上かつ 300 mm 以上とする。

継手の位置

- 耐圧スラブ付きの基礎梁下端筋の継手位置はスパンの中央部，上端筋はスパンの両端部とする。
- 耐圧スラブが付かない基礎梁主筋の継手の位置は，上端筋・下端筋ともスパンの中央部とする。
- 隣り合う継手の中心位置は，重ね継手長さの約 0.5 倍ずらすか，1.5 倍以上ずらす。

鉄筋の定着

- フック付き定着とする場合の定着長さは，定着起点からフックの折曲げ開始点までの距離とする。
- 小梁の主筋の定着長さは，上端筋の方を下端筋より長くする。
- スパイラル筋の柱頭，柱脚の端部は，1.5 巻以上の添巻きとする。

鉄筋のガス圧接

- 形状が著しく異なる場合，径の差が 7 mm を超える場合は圧接をしない。
- 圧接端面の処理は，原則として，圧接作業当日に行う。
- 圧接端面間のすき間は，鉄筋径にかかわらず 2 mm 以下としなければならない。

問1 答 4 ★正しくは，

スパイラル筋の柱頭及び柱脚の端部は，1.5 巻以上の添巻きとする。

問2 答 3 ★正しくは，

圧接端面間のすき間は，2 mm 以下とする。

| 躯体施工 | **35　型枠工事** |

問1
★★★

型枠の締付け金物等に関する記述として，**最も不適当なものはどれか。**

1. 独立柱の型枠の組立てには，セパレータやフォームタイが不要なコラムクランプを用いた。
2. 打放し仕上げとなる外壁コンクリートの型枠に使用するセパレータは，コーンを取り付けないものを用いた。
3. 外周梁の側型枠の上部は，コンクリートの側圧による変形防止のため，スラブ引き金物を用いて固定した。
4. 型枠脱型後にコンクリート表面に残るセパレータのねじ部分は，ハンマーでたたいて折り取った。

問2
★★

型枠工事に関する記述として，**最も不適当なものはどれか。**

1. 梁の側型枠の寸法はスラブ下の梁せいとし，取りつく底型枠の寸法は梁幅で加工した。
2. 埋込み金物やボックス類は，コンクリートの打込み時に移動しないように，せき板に堅固に取り付けた。
3. 合板せき板は，支障がなかったので，再使用した。
4. フラットデッキ（床型枠用鋼製デッキプレート）を受ける梁の側型枠は，縦桟木で補強した。

型枠の締付け金具

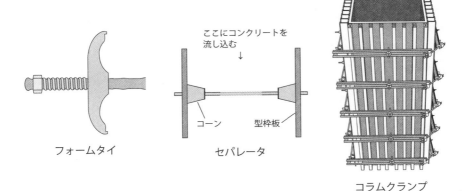

フォームタイ

ここにコンクリートを
流し込む
↓

コーン　　　型枠板

セパレータ

コラムクランプ

型枠の加工・組立て

> - 埋込み金物やボックス類は，所定の位置に堅固に取り付ける。
> - 柱型枠は，梁型枠や壁型枠を取り付ける前にチェーンなどで控えを取り，変形しないようにする。
> - 柱型枠の足元は，桟木で根巻きを行う。
> - 内柱の型枠の加工長さは，階高からスラブ厚さを減じた寸法とする。
> - 梁の側型枠の寸法はスラブ下の梁せいより下とし，底型枠の寸法は梁幅で加工する。
> - フラットデッキ（床型枠用鋼製デッキプレート）を受ける梁の側型枠は，縦桟木で補強する。

問1　答2　★正しくは，

　打放し仕上げとなる外壁コンクリートの型枠に使用するセパレータには，コーンを取り付けたものを用いる。

問2　答1　★正しくは，

　梁の側型枠の寸法は，側型枠を底型枠より先に解体できるように，スラブ下の梁せいより下とし，底型枠の寸法は梁幅で加工する。

| 躯体施工 | **36　型枠支保工** |

| 問 1 ★★★ | 型枠支保工に関する記述として，**最も不適当なもの**はどれか。 |

1. 支柱にパイプサポートを使用する場合，継手は差込み継手としてはならない。

2. パイプサポートに水平つなぎを設ける場合，根がらみクランプ等を用いて緊結しなければならない。

3. 支柱にパイプサポートを使用する場合，パイプサポートを3以上継いで用いてはならない。

4. 上下階の支柱は，できるだけ平面上の同一位置になるように設置する。

| 問 2 ★★★ | 型枠支保工に関する記述として，**最も不適当なもの**はどれか。 |

1. 鋼管枠を支柱として用いるため，荷重は枠組の脚柱部で直接受け，横架材で受けないようにした。

2. 地盤上に直接支柱を立てるため，支柱の下に剛性のある敷板を敷いた。

3. 高さが3.5 mを超える支柱に設ける水平つなぎは，高さ2.5 m以内ごとに2方向に設けた。

4. 軽量型支保梁を受ける梁型枠の支柱にパイプサポートを使用するため，パイプサポートは2列に設けた。

解答・解説

型枠支保工の組立て

- 支柱は垂直に立て，上下階の支柱は，原則として，平面上の同一位置とする。
- 地盤に支柱を立てる場合は，地盤を十分締め固め，剛性のある敷板を敷くなど，支柱が沈下しないように措置する。
- 型枠は，足場，やり方等の架設物と連結させない。
- 支柱の脚部は敷板に釘で固定し，根がらみを取り付けるなどして，滑動を防止するための措置をする。
- 支柱の継手は，突合せ継手または差込み継手とする。
- 鋼材と鋼材との接続部・交差部は，ボルト，クランプ等の金具で緊結する。

パイプサポートを支柱とする場合

- パイプサポートを3本以上継いで用いてはならない。
- パイプサポートを継いで用いるときは，4個以上の専用のボルトまたは専用の金具を用いて継ぐ。
- 高さが3.5 mを超えるときは，高さ2 m以内ごとに水平つなぎを2方向に設け，かつ，水平つなぎの変位を防止する。
- 階段、梁のハンチなどの部分で、パイプサポートを斜めに建て込む必要がある場合には、パイプサポートを斜めスラブに対して直角に建て込み、サポートの頭部または脚部にキャンバーを用い、かつ根がらみ等を取り付けて安定させる。

問1 答1 ★正しくは，

　型枠支保工の継手は，突合せ継手または差込み継手とする。パイプサポートを使用する場合も同様である。

問2 答3 ★正しくは，

　高さが3.5 mを超える支柱に設ける水平つなぎは，高さ2 m以内ごとに2方向に設ける。

躯体施工

37　型枠の存置

問1
★★

型枠の存置に関する記述として，**最も不適当なもの**はどれか。

1. 床スラブ下，梁下のせき板の取外しは，原則として支保工を取り外した後に行う。
2. せき板を取り外すことができるコンクリートの圧縮強度は，梁下と梁側とでは同じである。
3. 片持梁や庇の支柱は，必要に応じて存置期間を延長する。
4. 柱のせき板を取り外すことができるコンクリートの圧縮強度は，5 N/mm^{2}以上である。

問2
★★★

型枠の存置期間（計画供用期間の級は標準）に関する記述として，**最も不適当なもの**はどれか。

1. コンクリートの材齢による場合，柱，梁側及び壁のせき板の最小存置期間は，同じである。
2. コンクリートの材齢による場合，せき板の最小存置期間は，梁下よりスラブ下の方が長い。
3. コンクリートの材齢による場合，せき板の最小存置期間は，存置期間中の平均気温が高い方が短い。
4. コンクリートの材齢による場合，せき板の最小存置期間は，セメントの種類により異なる。

コンクリートの圧縮強度による型枠の取外し目安

	基礎，梁側，柱，壁	5 N/mm² 以上
せき板		
	スラブ下，梁下	設計基準強度の 50 %以上
支　柱	スラブ下	設計基準強度の 85 %以上
	梁下	設計基準強度の 100 %以上

せき板の存置期間と平均気温

平均気温	材　齢
20 ℃以上	セメントの種類により 2 〜 5 日
10 ℃以上 20 ℃未満	セメントの種類により 3 〜 8 日

コンクリートの材齢による存置期間

	基礎，梁側，柱，壁	セメントの種類・平均気温により 2 〜 12 日
せき板		
	スラブ下，梁下	セメントの種類・平均気温により 4 〜 21 日
支　柱	スラブ下	セメントの種類・平均気温により 8 〜 28 日
	梁下	28 日

問1 答2 ★正しくは，

　せき板を取り外すことができるコンクリートの圧縮強度は，梁下は設計基準強度の 50%以上，梁側は 5 N/mm² 以上で異なる。

問2 答2 ★正しくは，

　コンクリートの材齢による場合，せき板の最小存置期間は，梁下とスラブ下とで同じである。

躯体施工

38　コンクリートの調合

問 1 ★★★

コンクリートの調合に関する記述として，**最も不適当なもの**はどれか。

1. 単位セメント量は，水和熱及び乾燥収縮によるひび割れを防止する観点からは，できるだけ少なくする。
2. 単位セメント量が少なすぎると，コンクリートのワーカビリティーが悪くなる。
3. 単位水量は，最大値を 185 kg/m^3 とし，所定の品質が確保できる範囲内で，できるだけ少なくする。
4. 単位水量が小さくなると，ブリーディングや打込み後の沈降が大きくなる。

問 2 ★★★

コンクリートの調合に関する記述として，**最も不適当なもの**はどれか。

1. 細骨材率は，乾燥収縮によるひび割れを少なくするためには，低くする。
2. 細骨材率が大きすぎると，所定のスランプを得るための単位水量を多く必要とする。
3. 細骨材の粗粒率が大きい場合には，細骨材率を小さくする。
4. スランプの大きいコンクリートでは，細骨材率が小さすぎると分離しやすくなる。

単位水量・単位セメント量

単位水量	最大値を 185 kg/m³ とし，所定の品質が得られる範囲内で，できるだけ小さくする。 単位水量が大きくなると，乾燥収縮・ブリーディングなどが大きくなる。
単位セメント量	270 kg/m³ 以上で，水セメント比・単位水量から算出される値以上とする。 水和熱・乾燥収縮によるひび割れを防止する観点からは，できるだけ少なくする。 単位セメント量が少なすぎると，コンクリートのワーカビリティーが悪くなる。

細骨材率

小さすぎる場合	スランプの大きいコンクリートでは，粗骨材とモルタル分が分離しやすくなる。
大きすぎる場合	単位セメント量・単位水量を大きくする必要がある。 流動性の悪いコンクリートとなる。

問1 答4　★正しくは，

単位水量が大きくなると，ブリーディングや打込み後の沈降が大きくなる。

問2 答3　★正しくは，

細骨材の粗粒率が大きい場合には，細骨材率を大きくする。なお，粗粒率が大きいほど，粒が粗くなる。

躯体
施工

38　コンクリートの調合

問3
★★★

コンクリートの調合に関する記述として，**最も不適当なもの**はどれか。

1. AE減水剤を用いると，所定のスランプを得るのに必要な単位水量を減らすことができる。

2. コンクリートに含まれる塩化物は，原則として塩化物イオン量で0.30 kg/m³以下とする。

3. 普通ポルトランドセメントと高炉セメントB種の水セメント比の最大値は同じである。

4. 耐久性を確保するためには，水セメント比は小さいほうがよい。

問4
★★

コンクリートの調合に関する記述として，**最も不適当なもの**はどれか。

1. スランプは，荷卸し地点における値を指定する。

2. 川砂利と砕石は，それぞれが所定の品質を満足していれば，混合して使用してもよい。

3. 骨材は，扁平なものの方が球形に近いものよりもワーカビリティーがよい。

4. 空気量が多くなると，圧縮強度の低下や乾燥収縮率の増加をもたらす。

解答・解説

調合管理強度…品質基準強度＋構造体強度補正値

品質基準強度…設計基準強度もしくは耐久設計基準強度のうち大きい値

調合条件

AE剤・AE減水剤を 用いたコンクリート	荷卸し地点における空気量を 4.5% とする。 所定のスランプを得るのに必要な単位水量を低減できる。	
水セメント比の最大値	普通・早強・中庸熱ポルトランドセメント 混合セメントA種	65%
	低熱ポルトランドセメント 混合セメント（高炉セメント等）B種	60%
塩化物量	塩化物イオン量で 0.30 kg/m³ 以下とする。	

※ コンクリート表面からの劣化要因の侵入を防ぎ、乾燥収縮を小さくして耐久性を確保するためには、所要の品質が得られる範囲で水セメント比を小さくする。

骨材

- 一般に粗骨材の最大寸法が大きい方が，単位水量が少なくてすむ。
- 密度が小さく，吸水率の大きい骨材を使用したコンクリートは，単位セメント量が増加し，ヤング係数が小さくなり，乾燥収縮が大きくなる。
- 球形に近いものの方が扁平なものよりもワーカビリティーがよい。

※ヤング係数…ヤング係数が大きいほど，コンクリートの強度は高くなる。

問3 答3 ★正しくは，

水セメント比の最大値は，普通ポルトランドセメントが 65%，高炉セメントB種が 60% で異なる。

問4 答3 ★正しくは，

骨材は，球形に近いものの方が扁平なものよりもワーカビリティーがよい。

躯体施工

39　コンクリート工事

問1
★★★
コンクリートの打込み等に関する記述として，**最も不適当なもの**はどれか。

1. コンクリートの鉛直打継ぎ部は，梁やスラブの場合，スパンの中央付近に設けた。

2. スラブの付いたせいの高い梁の打込みは，梁とスラブを連続して行った。

3. 柱へのコンクリートの打込みは，縦形シュートを挿入して行った。

4. 片持床スラブは，打継ぎを設けずに，取り付く構造体と一緒に打ち込む。

問2
★★
コンクリートの打込み等に関する記述として，**最も不適当なもの**はどれか。

1. コンクリート内部振動機（棒形振動機）は，打込み各層ごとに用い，挿入間隔を 60 cm 以下とした。

2. コンクリートの自由落下高さは，コンクリートが分離しない範囲とした。

3. 外気温が 20 ℃だったので，コンクリートの練混ぜ開始から打込み終了までの時間の限度を 150 分とした。

4. 床スラブに打ち込んだコンクリートは，凝結が終了する前にタンピングを行った。

解答・解説

練混ぜ開始から打込み終了までの時間と打重ね時間の限度

外気温 25 ℃以下	120 分
外気温 25 ℃超	90 分

打継ぎ

梁，スラブの鉛直打継ぎ	スパンの中央または端から $\frac{1}{4}$ 付近
柱，壁の水平打継ぎ	スラブ，梁，基礎の上端

打込み

- 柱へのコンクリートの打込みは，縦形シュートを挿入して行う。
- 柱，梁，壁の打込みは，梁下で一度止めて，コンクリートが沈降してから打ち込む。
- 片持床スラブ等のはね出し部分は，これを支持する構造部分と同一の打込み区画とする。
- コンクリートの自由落下高さは，コンクリートが分離しない範囲とする。
- 打込み速度は，スランプ18 cm 程度のコンクリートの場合，$20 \sim 30$ m³/h を目安とする。

締固め

- 棒形振動機は，打込み層ごとに用い，その下層に振動機の先端が入るように，ほぼ垂直に挿入する。
- 挿入間隔は 60 cm 以下とし，加振時間は1箇所 $5 \sim 15$ 秒の範囲とする。

問1 答 2 　★正しくは，

　スラブの付いたせいの高い梁の打込みは，ひび割れ防止のため，梁だけを先に打ち込む。

問2 答 3 　★正しくは，

　外気温が 25℃以下のときは，コンクリートの練混ぜ開始から打込み終了までの時間の限度を 120 分とする。

| 躯体施工 | **40 コンクリートの養生** |

| 問1 ★★★ | コンクリートの養生に関する記述として，**最も不適当なものはどれか。** |

1. コンクリート部材の中心部と外気温の温度差が 25 ℃以上になるおそれのある場合は，温度ひび割れが生じないように処置する。

2. コンクリート打込み後の養生温度が高いほど，長期材齢における強度増進が大きくなる。

3. 打込み後のコンクリートが透水性の小さいせき板で保護されている場合は，湿潤養生と考えてよい。

4. コンクリートの打込み後，少なくとも 1 日間はその上で歩行又は作業をしないようにする。

| 問2 ★★★ | コンクリートの養生に関する記述として，**最も不適当なものはどれか。** |

1. 湿潤養生期間の終了前であっても，コンクリートの圧縮強度が所定の値を満足すれば，せき板を取り外すことができる。

2. 暑中コンクリート工事におけるコンクリートの湿潤養生期間は，通常の気温で打ち込む場合と同じでよい。

3. 初期の湿潤養生の期間が短いほど，中性化が早く進行する。

4. 寒中コンクリート工事における加熱養生中は，コンクリートの湿潤養生を行う必要はない。

解答・解説

コンクリートの養生

- 養生期間中の温度が高いほど，長期材齢における強度増進が小さくなる。
- 初期の湿潤養生の期間が短いほど，コンクリートの中性化が早く進行する。
- 寒冷期においては，コンクリート打込み後 5 日間以上，コンクリート温度を 2 ℃以上に保つ。
- 寒中コンクリート工事における加熱養生中も，コンクリートの湿潤養生を行う。
- コンクリートの打込み後，少なくとも 1 日間はその上で歩行または作業をしない。

湿潤養生の方法

① 養生マットまたは水密シートなどで覆う。

② 連続または断続的に散水または噴霧を行う。

③ 膜養生剤や浸透性の養生剤を塗布する。

湿潤養生の期間

早強ポルトランドセメント	3 日以上
普通ポルトランドセメント	5 日以上
中庸熱・低熱ポルトランドセメント 高炉セメント B 種 フライアッシュセメント B 種	7 日以上

問1 答 2 ★正しくは，

　コンクリート打込み後の養生温度が高いほど，長期材齢における強度増進は小さくなる。

問2 答 4 ★正しくは，

　寒中コンクリート工事における加熱養生中は，コンクリートが乾燥しないように，湿潤養生を行う必要がある。

躯体 施工	41　鉄骨の加工

問1 ★★★
鉄骨の加工に関する記述として，**最も不適当なもの**はどれか。

1. ポンチ，たがねによるけがきは，曲げ加工される部分の外面に行ってはならない。
2. けがき寸法は，製作中に生じる収縮，変形及び仕上げしろを考慮した値とした。
3. 鋼材の加熱曲げ加工は，200 ～ 400 ℃に加熱して行った。
4. 高力ボルト接合に使用するスプライスプレートは，ガス切断で加工した。

問2 ★★★
鉄骨の加工に関する記述として，**最も不適当なもの**はどれか。

1. ひずみの矯正を常温加工で行う場合は，ローラー又はプレスを使用する。
2. 溶融亜鉛めっき高力ボルトの孔径は，同じ呼び径の高力ボルトの孔径よりも大きくする。
3. 板厚が 13 mm の鋼材のアンカーボルト孔及び鉄筋貫通孔は，せん断孔あけで加工した。
4. 設備配管用貫通孔で孔径が 30 mm 以上の孔あけ加工は，ガス孔あけとした。

切断

機械切断法	せん断	適用範囲は，厚さ 13 mm 以下の鋼板に限る。
	のこぎり切断	切断速度は遅いが，精度が高い。
	砥石切断	切断速度が速く，軽量形鋼等の切断に用いる。
ガス切断法		原則として，自動ガス切断とし，やむを得ず手動ガス切断とする場合は，グラインダー等で整形する。
プラズマ切断法		適用可能板厚は，0.5 ～ 50 mm 程度。
レーザー切断法		適用可能板厚は，0.1 ～ 25 mm 程度。

曲げ加工

- 常温加工または加熱加工（通常，850 ～ 900℃）とする。
- 200 ～ 400℃（青熱ぜい性域）での加熱曲げ加工は，絶対に避ける。

孔あけ加工

- 高力ボルト用の孔あけ加工は，ドリルあけとする。
- 普通ボルト孔，アンカーボルト孔，鉄筋貫通孔は，ドリルあけを原則とし，板厚 13 mm 以下の場合は，せん断孔あけとすることができる。
- 設備配管用貫通孔・付属金物などの孔で，孔径 30 mm 以上の場合は，ガス孔あけとしてよい。

問1 答 3 ★正しくは，

鋼材の加熱曲げ加工は，<u>200 ～ 400℃で行ってはならない</u>。通常，<u>850 ～ 900℃（赤熱状態）</u>で行う。

問2 答 2 ★正しくは，

溶融亜鉛めっき高力ボルトの孔径は，同じ呼び径の高力ボルトの孔径と<u>同じ</u>とする。

躯体
施工

42　高力ボルト摩擦接合

問 1
★★★

高力ボルト摩擦接合に関する記述として，**最も不適当なもの**はどれか。

1. ナット側の座金は，座金の内側面取り部がナットに接する側に取り付ける。

2. ナット回転法による本締めにおいて，ナットの回転量が不足しているボルトは，所定の回転量まで追締めする。

3. ナットとボルトが共回りを生じた場合は，新しいボルトセットに取り替える。

4. ボルトの締付けは，ボルト群ごとに継手の周辺部より中央に向かう順序で行う。

問 2
★★

高力ボルト摩擦接合に関する記述として，**最も不適当なもの**はどれか。

1. ミルスケールの除去は，スプライスプレート全面の範囲とした。

2. フィラープレートの材質は，母材の材質に関わらず，400 N/mm² 級鋼材とした。

3. 摩擦面をブラスト処理とする場合は，サンドブラストとする。

4. 自然発錆による場合，摩擦面の錆の発生状態は，鋼材の表面が一様に赤く見える程度とする。

解答・解説

高力ボルトのセット

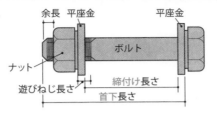

余長　平座金　　　　　平座金

ナット

ボルト

遊びねじ長さ　締付け長さ

首下長さ

ボルトの締付け

- 一次締め → マーキング → 本締めの順で行う。
- 1群のボルトの締付けは，群の中央部より周辺に向かう順序で行う。
- 一次締めは，ナットを回転させて行う。
- トルシア形高力ボルトの本締めは，専用のレンチを用いてピンテールが破断するまで締め付ける。
- JIS型高力ボルトの本締めは，トルクコントロール法またはナット回転法で締め付ける。
- ナットとボルト，座金等が共回り，軸回りを生じた場合は，新しいボルトセットに取り替える。

摩擦面の処理

- 摩擦面は，ミルスケールをスプライスプレート（添え板）全面の範囲について除去した後，一様に錆を発生させたものとする。
- 摩擦面をブラスト処理する場合は，ショットブラストまたはグリットブラストとする。

問1 答4 ★正しくは，

　ボルトの締付けは，ボルト群ごとに継手の中央部より周辺に向かう順序で行う。

問2 答3 ★正しくは，

　摩擦面をブラスト処理する場合は，ショットブラストまたはグリットブラストとする。サンドブラストでは，十分な表面粗度が得られない。

躯体施工

43　鉄骨の溶接・錆止め塗装

問 1　★★★

鉄骨の溶接に関する記述として，最も不適当なものはどれか。

1. スタッド溶接は，原則としてアークスタッド溶接の直接溶接により，下向き姿勢で行う。

2. 過大な余盛りは，グラインダーなどで適正な高さに削り取る。

3. ガスシールドアーク半自動溶接において，作業場所の風速が 2 m/s 以上と想定されたため，溶接作業を中止した。

4. 作業場所の気温が－ 5 ℃を下回ったので，接合部より 100 mm の範囲の母材部分を適切に加熱して溶接した。

問 2　★★

鉄骨工事における錆止め塗装に関する記述として，最も不適当なものはどれか。

1. コンクリートに埋め込まれる鉄骨梁に溶接された鋼製の貫通スリーブの内面は，錆止め塗装を行った。

2. 組立てによって肌合せとなる部分は，錆止め塗装を行わなかった。

3. 工事現場溶接を行う箇所は，開先面のみ錆止め塗装を行わなかった。

4. 高力ボルト摩擦接合部の摩擦面は，錆止め塗装を行わなかった。

気温等の施工条件

気　温	−5℃未満…溶接を行わない。 −5℃〜5℃…溶接線から 100 mm 程度の範囲を適切な方法で加熱して行う。
風	防風装置のない場所では行わない。 被覆アーク溶接…風速 10 m/s まで。 ガスシールドアーク半自動溶接…風速 2 m/s まで。

錆止め塗装を行わない部分

①コンクリートに密着する部分，埋め込まれる部分
②高力ボルト摩擦接合部の摩擦面
③工事現場溶接を行う部分の両側それぞれ 100 mm 程度の範囲，超音波探傷試験に支障を及ぼす範囲
④密閉される閉鎖型断面の内面
⑤ピン，ローラー等に密着する部分，回転または摺動面で削り上げした部分
⑥組立てによって肌合せとなる部分
⑦耐火被覆材の接着する部分

問1 答 4　★正しくは，

作業場所の気温が−5℃を下回ったときは，溶接を行わない。

問2 答 3　★正しくは，

工事現場溶接を行う箇所は，その部分の両側それぞれ 100 mm 程度の範囲にわたって錆止め塗装を行わない。

躯体
施工

44　鉄骨の建方

問1
★★★
鉄骨の建方に関する記述として，**最も不適当なもの**はどれか。

1. 建入れ直し用のワイヤロープの取付け用ピースは，あらかじめ鉄骨本体に取り付けた。

2. 架構の倒壊防止用ワイヤロープを，建入れ直し用に兼用した。

3. 建入れ直しを行ったものは，高力ボルト接合の場合，速やかに本締めを行う。

4. ターンバックル付き筋かいを有する鉄骨構造物は，その筋かいを用いて建入れ直しを行った。

問2
★★
鉄骨の建方に関する記述として，**最も不適当なもの**はどれか。

1. 溶接継手のエレクションピースに使用する仮ボルトは，高力ボルトを用いて全数締め付けた。

2. 建入れ直しを行ったものは，高力ボルト接合の場合，速やかに本締めを行った。

3. 玉掛け用ワイヤロープでキンクしたものは，キンクを直してから使用した。

4. 油が付着している仮ボルトは，油を除去して使用した。

仮ボルトの締付け

- 本接合のボルトと同軸径の普通ボルト等で損傷のないものを用い，締付け本数は，1群のボルト数の $\dfrac{1}{3}$ 以上，かつ，2本以上とする。
- 本溶接継手のエレクションピースに使用する仮ボルトには高力ボルトを用いて全数締め付ける。
- 油が付着している仮ボルトは，油を除去して使用する。

建入れ直し

- ワイヤロープの取付け用ピースは，あらかじめ鉄骨本体に強固に取り付ける。
- ターンバックル付き筋かいを有する構造物においては，その筋かいを用いて建入れ直しを行ってはならない。
- 架構の倒壊防止用ワイヤロープを使用する場合，このワイヤロープを建入れ直しに兼用してもよい。
- 筋かい補強作業は，必ず建方当日に行う。
- 高力ボルト接合の場合，建入れ直し後，速やかに本締めを行い，精度を確保する。

ターンバックル

問1 答 4 ★正しくは，

　ターンバックル付き筋かいを有する鉄骨構造物は，その筋かいを用いて建入れ直しを行ってはならない。

問2 答 3 ★正しくは，

　キンクしたワイヤロープは，玉掛け用具として使用してはならない。

躯体
施工

45　在来軸組構法の木工事

問1
★★★

在来軸組構法の木工事における継手の図の名称に関する記述として，**最も不適当なもの**はどれか。

1. そぎ継ぎ

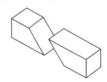

2. 腰掛けあり継ぎ

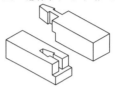

3. 台持ち継ぎ

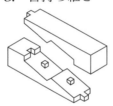

4. 追掛け大栓継ぎ

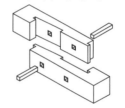

問2
★★★

在来軸組構法の木工事に関する記述として，**最も不適当なもの**はどれか。

1. せいが異なる胴差の継手は，受材心より 150 mm 程度持ち出し，腰掛けかま継ぎとし，ひら金物両面当て釘打ちとした。

2. 土台の継手は腰掛けあり継ぎとし，継手付近の下木をアンカーボルトで締め付けた。

3. 垂木の継手は母屋の上でそぎ継ぎとし，釘で取り付けた。

4. 根太の継手は，大引の心で突付け継ぎとし，釘打ちとした。

腰掛けかま継ぎ 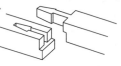 腰掛けあり継ぎ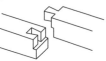

土台

- 継手は，腰掛けかま継ぎまたは腰掛けあり継ぎとする。
- 土台を締め付けるアンカーボルトは，隅，土台切れ，土台継手きわを押さえ，柱，間柱，土台継手の位置を避けて，間隔 2.7 m 以内に埋め込む。
- 継手付近のアンカーボルトは，押さえ勝手に上木を締め付ける。

軸組

柱	隅通し柱の土台への仕口は，土台へ扇ほぞ差しとし，ホールダウン金物当てボルト締め等とする。
胴差	せいが異なる胴差の継手は，受材心より 150 mm 程度持ち出し，腰掛けかま継ぎとし，ひら金物両面当て釘打ちまたは短ざく金物当てボルト締めとする。

小屋組・床組

垂木の継手	母屋の上でそぎ継ぎとし，釘打ちとする。
火打梁	水平構面の入隅部に斜めに入れる。
大引の継手	床束心より 150 mm 程度持ち出し，腰掛けあり継ぎとし，釘打ちとする。
根太の継手	大引の心で突付け継ぎとし，釘打ちとする。

問1 答 2 ★正しくは，

　2 の図は，腰掛けかま継ぎである。

問2 答 2 ★正しくは，

　土台の継手は腰掛けあり継ぎ，または腰掛けかま継ぎとし，継手付近の上木をアンカーボルトで締め付ける。

躯体
施工

45　在来軸組構法の木工事

問3
★★★

在来軸組構法の木工事に関する記述として，**最も不適**当なものはどれか。

1. 建入れ直し完了後，接合金物を締め付けるとともに，本筋かい，火打材を固定した。
2. 内装下地や造作部材の取付けは，屋根葺き工事が終わってから行った。
3. 土台の据付けは，やり方の心墨や逃げ墨を基準とした。
4. 洋式小屋組における真束と棟木の取合いは，棟木が真束より小さかったので，長ほぞ差し割くさび締めとした。

問4
★★

在来軸組構法の木工事に関する記述として，**最も不適**当なものはどれか。

1. 柱に使用する心持ち材には，干割れ防止のため，見え隠れ部分に背割りを入れた。
2. 火打梁は，柱と梁との鉛直構面の隅角部に斜めに入れた。
3. 筋かいと間柱の交差する部分は，間柱を筋かいの厚さだけ欠き取って筋かいを通した。
4. 隅通し柱の仕口は土台へ扇ほぞ差しとし，ホールダウン金物を用いてボルトで締め付けた。

解答・解説

木工事に関する用語

継 手	部材を継ぎ足すもの。
仕 口	2つの部材をある角度で接合するもの。
乱	継手の位置を分散させること。
千 鳥	継手の位置を交互に配置すること。

建方

- 建方完了後，直ちに屋根工事を行い，屋根材等の荷重による軸組の変形がある程度落ち着いてから，内外装工事を行う。
- 建入れ直し完了後，方づえ，火打材，筋かいを取り付け，くさびや木栓，接合金物で躯体全体を締め付ける。

洋式小屋組

真束と平陸梁の取合い	短ほぞ差し箱金物当てボルト締め	
真束と棟木の取合い	棟木寸法が真束より小さい	わなぎほぞ差し釘打ち
	棟木寸法が真束と同寸以上	長ほぞ差し割くさび締め

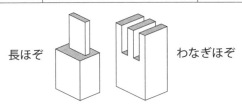

長ほぞ　　　　　　　　　わなぎほぞ

問3 **答** 4 ★正しくは，

　洋式小屋組における真束と棟木の取合いで，棟木が真束より小さい場合は，わなぎほぞ差し釘打ちとする。

問4 **答** 2 ★正しくは，

　火打梁は，梁と梁などの水平構面の隅角部に斜めに入れる。

躯体
施工

46　建設機械

問1
★★★

建設機械に関する記述として，最も不適当なものはどれか。

1. タイヤローラは，鉄などを用いたバラストの付加重量やタイヤの空気圧を変えることにより，接地圧を調節できる。

2. バックホウは，機体がのっている地盤面より低い位置の土の掘削に適している。

3. ローディングショベルは，機械の位置よりも下方の掘削に用いられる。

4. ハンマーグラブは，オールケーシング工法における掘削に用いられる。

問2
★★

建設機械と作業の組合せとして，最も不適当なものはどれか。

1. クラムシェル —————— 機体より下方の比較的深い位置の掘削

2. フォークリフト ————— 重量物の積卸し及び運搬

3. トラックアジテータ—— レディーミクストコンクリートの運搬

4. ロードローラ—————— 含水比の高い粘性土の締固め

解答・解説

掘削用機械

バックホウ	地表面より低い位置の掘削。
ローディングショベル	地表面より高い位置の掘削。
クラムシェル	機体より下方の比較的深い位置の掘削。
ドリリングバケット	アースドリル工法における掘削。
ハンマーグラブ	オールケーシング工法における掘削。

締固め用機械

ロードローラ	鉄輪を用いて締め固める。
タイヤローラ	タイヤの空気圧を変えることにより，接地圧を調節できる。
振動ローラ	振動数などを変えることにより，材料の性状に応じた締固めができる。

その他の建設機械

フォークリフト	重量物の積卸し，運搬。
ブルドーザー	土砂の短距離の運搬，整地。
トラックアジテータ	レディーミクストコンクリートの運搬。

問1 答3 ★正しくは，

ローディングショベルは，地表面より高い位置の掘削に用いられる。

問2 答4 ★正しくは，

ロードローラは，高含水比の粘性土や均一な粒径の砂質土などには適さない。

躯体
施工

47　耐震改修工事

問1
★★★

現場打ち鉄筋コンクリート耐震壁を増設する耐震改修工事に関する記述として，**最も不適当な**ものはどれか。

1. 増設壁のコンクリートの打込みを流込み工法としたので，増設壁コンクリート上端と既存梁下との隙間は 200 mm とし，グラウト材を注入した。

2. 注入するグラウト材は，練上り時の温度が 10 ～ 35℃の範囲となるようにした。

3. 既存コンクリート梁と増設壁との隙間へのグラウト材の注入は，数回に分けて行った。

4. 既存コンクリート部分と増設壁が取り合う部分に設ける割裂補強筋は，スパイラル筋とした。

解答・解説

現場打ち鉄筋コンクリート耐震壁の増設工事

既存部分の処理 … 打継ぎ面となる範囲の既存コンクリート面に，目荒しを行う。

あと施工アンカーの施工

- 接着系アンカーのアンカー筋は，鉄筋コンクリート用棒鋼とする。
- 接着系アンカーのカプセル型に用いるアンカー筋は，埋め込まれる先端が 45 °にカットされたものを使用する。
- 既存躯体端部からのへりあき寸法は，アンカー径の 2.5 倍以上とする。
- 穿孔は，施工面に対して直角とし，鉄筋等に当たった場合は中止して，付近の位置に再穿孔を行う。

鉄筋の加工・組立て … 既存部との取合い部分には，割裂補強筋を設け，スパイラル筋またははしご筋とする。

コンクリートの打込み

流込み工法	増設壁の既存梁下面より 200 mm 程度までコンクリートを打設し，そのすき間にはグラウト材を注入する。
圧入工法	オーバーフロー管の流出先の高さは，必ずコンクリートの圧入高さより高くする。

グラウト材の注入

- グラウト材は，練上り時の温度が 10 〜 35 ℃の範囲のものを用いる。
- 注入は，中断することなく，一気に行う。

問1 答 3 ★正しくは，

　グラウト材の注入は，中断せずに一気に行う。

躯体
施工

48　屋根及び床のALC工事

問1
★★

ALCパネル工事に関する記述として，**最も不適当な**ものはどれか。

1. 屋根面全体の水勾配は，パネルを支持する受梁でとり，ドレン回りなど部分的な水勾配は，モルタルでとった。

2. 屋根パネルの両端の支持部材へのかかりしろは，支点間距離の $\frac{1}{75}$ 以上かつ40 mm以上とした。

3. 屋根パネルは，表裏を確認し，短辺は突合せとし，長辺は20 mm程度の目地を設けて敷き込んだ。

4. 屋根パネルは，パネルの長辺方向が水勾配に対して直角となるように敷き込んだ。

問2
★★

ALCパネル工事に関する記述として，**最も不適当な**ものはどれか。

1. 床用パネルの長さ方向のはねだしは，パネル厚さの3倍とした。

2. 集中荷重が作用する部分は，その直下にパネル受梁を設けてパネルを梁上で分割し，3点支持とならないようにした。

3. 設備配管がやむを得ず床を貫通するため，床用パネルの主筋を避けて直径40 mmの孔を1箇所あけた。

4. 床パネルの目地用鉄筋は取付け金物の穴に通し，パネルの長辺溝部に金物から両側に500 mmずつとなるように敷設した。

屋根・床パネル構法

- パネルは表裏を正しく置き，有効なかかりしろを確保して，長辺は突合せとし，短辺小口相互の接合部には 20 mm 程度の目地を設けて，支持梁上になじみよく敷き並べる。
- 取付け金物は，溶接等により受材に固定する。
- 目地用鉄筋を取付け金物の孔に通し，パネルの長辺溝部に 500 mm 以上挿入する。
- 目地用モルタルを，パネルの長辺溝部，短辺に設けた目地部分に充填する。

取付け下地

- 梁は，ALC パネルの両端を支持するように配置する。
- ALC パネルのかかりしろは，支点間距離の $\dfrac{1}{75}$ 以上，かつ，40 mm 以上とする。
- 屋根用 ALC パネルの水勾配は，梁でとるものとする。
- 集中荷重が作用する部分では，その直下に ALC パネルを有効に支持する小梁を設ける。

問 1 答 3 ★正しくは，

　屋根パネルは，表裏を確認し，長辺は突合せとし，短辺は 20 mm 程度の目地を設けて敷き込む。

問 2 答 1 ★正しくは，

　床パネルは，はねだして用いることができない。なお，屋根パネルの長辺方向のはねだし長さは，厚さの 3 倍以下，積載仕上げ荷重が 2,400 N/m² 以上の場合は 200 mm 以下とする。

躯体
施工

49　解体工事

| 問1 ★★★ | 木造建築物の解体工事に関する記述として，**最も不適当なものはどれか**。 |

1. 解体作業は，先ず建築設備の取外しを，次に内装材の取外しを手作業で行った。
2. 壁及び天井のクロスは，せっこうボードを撤去する前にはがした。
3. 外壁の断熱材として使用されているグラスウールは，細断しながら取り外した。
4. 屋根葺き材は，内装材を撤去した後，手作業で取り外した。

| 問2 ★★ | 木造2階建住宅の解体工事に関する記述として，**最も不適当なものはどれか**。 |

1. 解体作業に先立ち，各種設備機器の停止及び給水，ガス，電力，通信の供給が停止していることを確認した。
2. 作業の効率を高めるため，障子，ふすま，ドア等の建具は，1階部分から撤去した。
3. 蛍光ランプは，窓ガラスと共に専用のコンテナ容器内で破砕して，ガラス類として処分した。
4. 下地が木質であるモルタル系の外壁の解体には，バール，ハンマーを用いた。

解答・解説

解体作業の順序

① 建築設備の撤去

② 内装材の撤去

③ 屋根葺材の撤去

④ 外装材，上部構造の解体

⑤ 地下室，基礎，基礎杭の解体

- 建築設備，内装材，屋根葺材の撤去は，原則として，手作業で行わなければならない。

解体作業の留意事項

- 解体作業に先立ち，各種設備機器の停止及び給水，ガス，電力，通信の供給が停止していることを確認する。
- 障子，ふすま，ドア等の建具は，先に1階部分から撤去する。
- 壁・天井のクロスは，せっこうボードを撤去する前にはがす。
- 木材とせっこうボードが一体となっている場合は，せっこうボードを取り外した後に木材を取り外す。
- 外壁等に断熱材として使用されているグラスウールは，細断せずに，可能な限り原形のまま取り外す。
- 内装材，外装材，屋根葺材等をすべて機械作業で解体することは，原則として行ってはならない。
- 蛍光ランプは，封入されている水銀を流出させないよう，破損しないように注意して取り扱い，専門の回収業者に委託する。

問1 答 3 ★正しくは，

　外壁の断熱材として使用されているグラスウールは，<u>細断せずに，</u>可能な限り原形のまま取り外す。

問2 答 3 ★正しくは，

　蛍光ランプは，封入されている<u>水銀</u>を流出させないため，<u>破損しな</u>いようにていねいに取り外し，これを適正に処理する。

躯体施工	49　解体工事

問3 ★★	鉄筋コンクリート造建築物の解体工事に関する記述として，**最も不適当な**ものはどれか。

1.　地上作業による解体は，地上から解体重機で行い，上階から下階へ床，梁，壁，柱の順に解体した。
2.　階上作業による解体は，屋上に揚重した解体重機で最上階から解体し，解体で発生したコンクリート塊を利用してスロープをつくり，解体重機を下階に移動させながら行った。
3.　最初に作業開始面の外壁を解体し，オペレーターが建物の各部材に対応できる視界を確保した。
4.　各階の解体は，外周部を先行して解体し，中央部分を最後に解体した。

解答・解説

鉄筋コンクリート造建築物の解体

解体工法

地上解体	地上から圧砕作業を進めて解体する工法。
階上解体	ビルの上階から下階に向かって解体していく工法。
ブロック解体	タワークレーン等を用いて，上階から順にブロック単位で切断していく工法。

階数と解体工法

5～6階建てまで	地上解体
それ以上10～12階建てまで	階上解体
それ以上	ブロック解体

地上解体の作業順序

- 上階から下階へ，床 → 梁 → 壁 → 柱の順に解体する。

各階の解体順序

- 中央部分を先行して解体し，外周部を最後に解体する。

外壁の転倒解体工法の作業順序

- 壁下部の水平方向及び壁，梁端部の垂直方向の縁切り → 柱脚部の柱主筋の切断→転倒

問3 **答** 4 ★正しくは，

　各階の解体は，中央部分を先行して解体し，外周部を最後に解体する。

| 仕上施工 | **50　防水工事** |

| 問 1 ★★ | 屋上アスファルト防水工事に関する記述として，最も不適当なものはどれか。 |

1. ルーフィング類は，継目の位置が上下層で同一箇所にならないようにして，水下側から張り付けた。
2. 平場のルーフィングと立上りのルーフィングとの重ね幅は，150 mm とした。
3. 平場のアスファルトルーフィングの重ね幅は，長手及び幅方向とも 100 mm 以上とした。
4. 平場のストレッチルーフィングの流し張りは，ルーフィングの両端からアスファルトがはみ出さないように押し付けながら張り付けた。

| 問 2 ★★ | 屋上アスファルト防水工事に関する記述として，最も不適当なものはどれか。 |

1. 保護コンクリートに設ける伸縮調整目地は，中間部の縦横間隔を 3 m 程度とした。
2. 保護コンクリートの伸縮調整目地の深さは，保護コンクリートの厚さの半分とした。
3. 保護コンクリートに入れる溶接金網は，保護コンクリートの厚さのほぼ中央に設置した。
4. 保護コンクリートの動きによる立上り防水層の損傷を防止するため，成形緩衝材を立上り入隅部に取り付けた。

解答・解説

アスファルトルーフィング類の張付け

増張り
- 立上りの出隅，入隅には，幅 300 mm 以上のストレッチルーフィングを増張りする。
- コンクリート打継部，ひび割れ部は，幅 50 mm 程度の絶縁用テープを張った上に，幅 300 mm 以上のストレッチルーフィングで増張りする。

平場の張付け
- 重ね幅は，幅方向，長手方向とも，100 mm 以上重ね合わせる。
- 重ね部が上下層で同一箇所にならないようにして，水下側から張り付ける。
- 流し張りでは，ルーフィングの両端から溶融アスファルトがあふれ出るように押し付ける。
- 立上りと平場のルーフィングを別々に張り付ける場合，立上り部のルーフィングを平場のルーフィングに 150 mm 以上張り掛ける。

ルーフドレン回りの張付け
- 最下層に 300 mm 以上のストレッチルーフィングを用い，ドレンのつばに 100 mm 程度，残りをスラブ面に張り掛けて増張りする。

伸縮調整目地

- 割付けは，周辺の立上り部の仕上り面から 600 mm 程度とし，中間部は縦横間隔 3,000 mm 程度とする。
- 目地深さは，保護コンクリートの上から下までとする。

問1 答 4 ★正しくは，

　平場のストレッチルーフィングの流し張りは，ルーフィングの両端からアスファルトが<u>あふれ出る</u>ように押し付けながら張り付ける。

問2 答 2 ★正しくは，

　保護コンクリートの伸縮調整目地の深さは，保護コンクリートの<u>厚さ</u>とする。

仕上
施工

50　防水工事

問3
★★★
合成高分子系ルーフィングシート防水に関する記述として，**最も不適当な**ものはどれか。

1. 塩化ビニル樹脂系シート防水において，下地がALCパネルの場合，パネル短辺の接合部の目地部に，絶縁用テープを張り付ける。
2. 塩化ビニル樹脂系シート防水断熱工法において，ルーフドレン回りの断熱材の張付けは，ドレンのつばから300 mm程度手前で止め，端部は45°程度の勾配とする。
3. 加硫ゴム系シート防水において，ルーフィングシート相互の接合部で3枚重ねとなる部分は，シートを熱風で柔らかくして，段差部をなくすように融着する。
4. 加硫ゴム系シート防水接着工法において，平場と立上りとのシートの接合部は，重ね幅を150 mm以上とする。

解答・解説

ルーフィングシートの張付け

- 水上側が水下側の上になるように張り付け，下地に全面接着とする。
- 加硫ゴム系の3枚重ね部は，あらかじめ内部の段差部分に不定形シートを充填する。
- 塩化ビニル樹脂系の3枚重ね部は，熱風融着し，よく押さえる。

接合部の施工方法

加硫ゴム系	接着剤をルーフィングシート両面に塗布し，かつ，テープ状シーリング材を併用して張り付ける。
塩化ビニル樹脂系	溶剤溶着または熱風溶着して，端部を液状シール材でシールする。

ルーフィングシートの接合幅

種　別	長手方向	幅方向	立上り部
加硫ゴム系	100 mm 以上	100 mm 以上	150 mm 以上
塩化ビニル樹脂系	40 mm 以上	40 mm 以上	40 mm 以上

出入隅角の増張り・処理

加硫ゴム系	ルーフィングシートの張付け前に，200 mm 角程度の増張り用シートを張り付ける。
塩化ビニル樹脂系	ルーフィングシートの施工後に，成形役物を張り付ける。

問3 答3 ★正しくは，

　加硫ゴム系シート防水において，ルーフィングシート相互の接合部で3枚重ねとなる部分は，あらかじめ内部の段差部分に不定形シートを充填して均しておく。なお，熱風融着を行うのは，塩化ビニル樹脂系ルーフィングシートの場合である。

| 仕上施工 | **50　防水工事** |

| 問4 ★★ | 塩化ビニル樹脂系ルーフィングシート防水接着工法に関する記述として，**最も不適当なもの**はどれか。 |

1. プライマーは，ALCパネル下地であったため，塗布しなかった。
2. 防水層の立上り末端部は，押え金物で固定し，不定形シール材を用いて処理した。
3. ルーフィングシートの張付けは，エポキシ樹脂系接着剤を用い，下地面のみに塗布した。
4. ルーフィングシート相互の接合部は，重ね面を溶剤溶着とし，端部は液状シール材を用いて処理した。

| 問5 ★★ | 加硫ゴム系シート防水接着工法に関する記述として，**最も不適当なもの**はどれか。 |

1. 下地への接着剤の塗布は，プライマーの乾燥後に行う。
2. シートは，接着剤を塗布後オープンタイムを置かずに張り付ける。
3. ルーフドレンと取り合う部分のシートに切込みを入れる場合は，補強のため増張りする。
4. プライマーを塗布する範囲は，その日にシートを張り付ける範囲とする。

解答・解説

高分子系ルーフィングシート防水工事の施工

プライマー塗り
- 下地が十分乾燥した後に，清掃を行う。
- 当日の施工範囲をむらなく行う。

接着剤の塗布
- プライマーの乾燥後に，むらなく行う。

ALC パネルの下地処理
- ALC パネル下地の場合は，ルーフィングシート張付けに先立って，パネル短辺の接合部の目地部に幅 50 mm 程度の絶縁用テープを張り付けておく。

増張り
- ルーフドレン回りは，幅 150 mm 程度の増張り用シートをドレンと下地面に割り振り，ルーフドレンのつばには，増張り用シートを 100 mm 程度張り掛け，張り付ける。
- 配管回りは，幅 100 mm 程度の増張り用シートを下地面に 20 mm 程度張り掛け，張り付ける。

立上り部の防水末端部の処理
- 立上り部の端部にテープ状シート材を張り付けた後にルーフィングシートを張り付け，末端部は押え金物で固定して，不定形シール材を充填する。

問4 答1 ★正しくは，

プライマーは，ALC パネル下地であっても，塗布する。

問5 答2 ★正しくは，

シートは，接着剤を塗布後オープンタイム（放置時間）を置いて張り付ける。

仕上
施工

50　防水工事

問6
★★★

ウレタンゴム系塗膜防水工事に関する記述として，最も不適当なものはどれか。

1. 防水材の塗継ぎの重ね幅は，100 mm とした。
2. 防水層の施工は，立上り部，平場部の順に施工した。
3. 補強布の張付けは，突付け張りとした。
4. ルーフドレンとの取合いは，幅100 mm 以上の補強布を用いて補強塗りを行った。

問7
★★

塗膜防水工事に関する記述として，最も不適当なものはどれか。

1. 通気緩衝シートの継目は，隙間や重なり部をつくらないようにシート相互を突付けとし，ジョイントテープを張り付けた。
2. 穴あきタイプの通気緩衝シートは，下地に張り付けた後，防水材でシートの穴を充填した。
3. プライマーの塗布において，下地の吸込みが激しいため，増塗りを行った。
4. 下地コンクリートの出隅及び入隅とも，直角に仕上げた。

塗膜防水工事の施工

防水層の下地
- 出隅は通りよく 45°の面取りとし，入隅は通りよく直角とする。

プライマー塗り
- 下地が十分乾燥した後に清掃を行い，当日の施工範囲をむらなく塗布する。
- 下地の吸込みが激しいときは，増塗りを行う。

下地の補強
- ルーフドレン・配管等の取合いは，幅 100 mm 以上の補強布を用いて補強塗りを行う。
- 補強布の張付けは，重ね張りとし，重ね幅は 50 mm 以上とする。

通気緩衝シート張付け
- 継目は突付けとし，突付け部分は 50 mm 以上の幅のジョイントテープを張り付ける。

防水材塗り
- 塗継ぎの重ね幅は 100 mm 以上とする。
- 施工の順序は，立上り部 → 平場部とする。
- 塗重ねと塗継ぎは，下層が造膜した後とする。
- 立上り部，ドレン回り，パイプ回りでは，通気緩衝シートの上に 100 mm 程度張り掛けて，防水材を塗布する。

問6 **答** 3 ★正しくは，

　補強布の張付けは，突付けとせず，50 mm 以上重ねる。

問7 **答** 4 ★正しくは，

　下地コンクリートの出隅は通りよく 45°の面取りとし，入隅は通りよく直角とする。

仕上施工	**51　シーリング工事**

問1 ★★★	シーリング工事に関する記述として，**最も不適当なも**のはどれか。

1. 目地深さが所定の寸法より深かったので，バックアップ材を用いて所定の目地深さになるように調整した。
2. 裏面に粘着剤が付いているバックアップ材は，目地幅より大きい幅のものとした。
3. 目地底にシーリング材を接着させないため，ボンドブレーカーを用いた。
4. ノンワーキングジョイントでは，3面接着で施工した。

問2 ★★★	シーリング工事に関する記述として，**最も不適当なも**のはどれか。

1. 充填箇所以外の部分に付着したシリコーン系シーリング材は，硬化後に除去した。
2. シーリング材の硬化状態は指触で，接着状態はへらで押えて確認した。
3. 異種シーリング材を打ち継ぐため，先打ちシーリング材が硬化しないうちに，後打ちシーリング材を施工した。
4. シーリング材と被着面の接着性を良好にするため，プライマーを塗布した。

解答・解説

目地寸法

コンクリート打継目地 ひび割れ誘発目地	幅 20 mm 以上・深さ 10 mm 以上
ガラス回りの目地	幅・深さとも 5 mm 以上
上記以外の目地	幅・深さとも 10 mm 以上

ワーキングジョイント

- 目地底が所定の深さより深い場合 … バックアップ材を使用する。
- 目地底が目地深さと同程度の場合 … ボンドブレーカーを使用する。

ノンワーキングジョイント

- 2面接着よりも3面接着が有効。

シーリング工事の施工

- シーリング材の充填は，目地の交差部あるいは角部から行う。
- シーリング材の打継ぎは，目地の交差部及び角部を避けて行う。
- マスキングテープの除去は，シーリング材表面仕上げ直後に行う。
- シリコン系シーリング材は，硬化してから除去する。
- 異種シーリング材を打ち継ぐ場合は，先打ちシーリング材が十分硬化してから後打ちシーリングを施工する。

問1 **答** 2 ★正しくは，

　裏面に粘着剤が付いているバックアップ材は，目地幅より1 ～ 2 mm 小さいものを使用する。なお，粘着剤のついていないものは，目地幅より2 mm 程度大きいものを使用する。

問2 **答** 3 ★正しくは，

　異種シーリング材を打ち継ぐ場合は，先打ちシーリング材が十分硬化した後，後打ちシーリング材を施工する。

| 仕上施工 | **52　石工事** |

| 問 1 ★★ | 外壁の張り石工事において，湿式工法と比較した乾式工法の特徴に関する記述として，**最も不適当なもの**はどれか。 |

1. 白華現象が起こりにくい。
2. 地震時の躯体の挙動に追従しにくい。
3. 石材の熱変形による影響を受けにくい。
4. 工期短縮を図りやすい。

| 問 2 ★★★ | 内壁空積工法による張り石工事に関する記述として，**最も不適当なもの**はどれか。 |

1. 引き金物と下地の緊結部分は，取付け用モルタルを充填し被覆した。

2. 引き金物用の道切りは，工事現場で加工した。

3. 一般部の石材は，縦目地あいばにだぼ及び引き金物を用いて据え付けた。

4. 石材の大きさは，石材1枚の面積を 0.8 m² 以下とした。

解答・解説

乾式工法の利点・注意点

利点	• 躯体の変形の影響を受けにくい。 • 白華現象，凍結による被害を受けにくい。 • 工程，工期短縮が図れる。
注意点	• 風圧，衝撃で損傷した場合，張り石の脱落に直結する。 • 物性値（曲げ，仕上げ部耐力，ばらつき）の把握が重要となる。

乾式工法の施工

• 石材の有効厚さは，外壁の場合は 30 mm 以上，内壁の場合は 25 mm 以上とする。
• 目地幅は，特記がなければ，8 mm 以上とする。
• 幅木部分は，下端をモルタルで固定し，上端を引き金物で下地に緊結してモルタルで充填する。
• 石材裏面から躯体表面までの取付け代は，70 mm 程度とする。

内壁空積工法の施工

• 石材の有効厚さは 20 mm 以上とし，形状は矩形とし，石材 1 枚の面積は 0.8 m² 以下とする。
• 石材裏面から躯体表面までの取付け代は，40 mm 程度とする。
• 一般部の石材は，下段の石材の横目地あいばに取り付けただぼに合わせて，目違いのないように取り付ける。
• 引き金物と下地の緊結部分は，石材の裏面と下地面との間に取付け用モルタルを充填する。

問1 **答** 2 ★正しくは，

地震時の躯体の挙動に追従し，変形の影響を受けにくい。

問2 **答** 3 ★正しくは，

一般部の石材は横目地あいばにだぼ及び引き金物を用いて据え付ける。

仕上施工

53　タイル工事

問 1 ★★★

セメントモルタルによる床タイル圧着張りに関する記述として，**最も不適当なもの**はどれか。

1.　タイルの張付けモルタルは，1 回に塗り付ける面積をタイル工 1 人当たり 2 m² 以下とした。

2.　タイルの張付けモルタルは，塗り付ける厚さを 5 ~ 7 mm とし，1 度に塗り付けた。

3.　タイルの張付けは，目地部分に張付けモルタルが盛り上がるまで，木づちでたたき押さえた。

4.　化粧目地詰めは，タイル上を歩行可能となった時点で行った。

問 2 ★★

セメントモルタルによるタイル後張り工法に関する，次の説明に該当する工法として，**適当なもの**はどれか。

「モルタル下地面に張付けモルタルを塗り，モルタルが軟らかいうちにタイル裏面にも同じ張付けモルタルを塗ってタイルを張り付ける工法」

1.　改良積上げ張り

2.　密着張り

3.　マスク張り

4.　改良圧着張り

床タイル張り

- 張付けモルタルは 2 層に分けて塗り付けるものとし，1 層目はこて圧をかけて塗り付ける。
- 合計の塗厚は，ユニットタイルは 3 〜 5 mm，その他のタイルは 5 〜 7 mm とする。
- 1 回の塗付け面積の限度は，タイル工 1 人当たり 2 m² 以下とする。

壁タイル張りの工法

密着張り	下地面に張付けモルタルを塗り付け，振動機を用いてタイルを張り付ける。 タイルの張付けは，上部より下部へと張り進め，1 段置きに水糸に合わせて張り，その後に間を埋めるようにして張る。
改良積上げ張り	張付けモルタルを塗り付けたタイルを，下部から上部に張り上げる。 1 日の張付け高さの限度は，1.5 m 程度とする。
改良圧着張り	下地面とタイル裏面とに張付けモルタルを塗り付け，タイルを張り付ける。 張付けモルタルの 1 回の塗付け面積の限度は，タイル工 1 人当たり 2 m² 以下とし，かつ，張付けモルタルの 1 回の塗付け面積の限度は，60 分以内に張り終える面積とする。
マスク張り	ユニットタイル裏面全面に張付けモルタルを塗り付け，表張りユニットをたたき込んで張り付ける。 モルタルの塗置き時間は，5 分以内とする。

問 1 答 2 ★正しくは，

床タイルの張付けモルタルは，2 層に分けて塗り付ける。

問 2 答 4 ★補足すると，

説明に該当する工法は，上表の改良圧着張りである。

仕上施工	**54　表面仕上げ・表面処理**

問1 ★★★	ステンレス板の表面仕上げの説明に関する記述として，**最も不適当なもの**はどれか。

1. ヘアラインは，適当な粒度の研磨材で連続した磨き目がつくように研磨した仕上げである。

2. ステンレスの表面に腐食溶解処理して模様を付けたものを，エンボス仕上げという。

3. 鏡面は，研磨線がなくなるまでバフ仕上げをした最も反射率の高い仕上げである。

4. No.2B は，冷間圧延して熱処理，酸洗した後，適度な光沢を与えるために軽い冷間圧延をした仕上げである。

問2 ★★	金属材料の表面処理及び表面仕上げに関する記述として，**最も不適当なもの**はどれか。

1. 銅合金の表面に硫黄を含む薬品を用いてかっ色に着色したものを，硫化いぶし仕上げという。

2. アルミニウム合金を硫酸その他の電解液中で電気分解して，表面に生成させた皮膜を陽極酸化皮膜という。

3. 鋼材などを電解液中で通電して，表面に皮膜金属を生成させることを溶融亜鉛めっきという。

4. エッチングは，化学処理により研磨板に図柄や模様を施した仕上げである。

ステンレスの表面仕上げ

HL（ヘアライン）	適当な粒度の研磨材で連続した磨き目を付けた仕上げ。
BA（バフ）	冷間圧延して光輝熱処理を行い，さらに光沢を上げるために軽い冷間圧延をした仕上げ。
No.2B	冷間圧延して熱処理，酸洗した後，適度な光沢を与えるために軽い冷間圧延をした仕上げ。
鏡面	研磨線がなくなるまでバフ仕上げをした最も反射率の高い仕上げ。
エッチング	化学処理により研磨板に図柄や模様を施した仕上げ。
エンボス	機械的に凹凸の浮出し模様を付けた仕上げ。

各種金属材料の表面仕上げ・表面処理

陽極酸化皮膜	アルミニウム合金を硫酸その他の電解液中で電気分解して，表面に生成させた皮膜。
陽極酸化塗装複合皮膜	アルミニウム合金を陽極酸化処理の後，塗装を施したもの。
電気めっき	鋼材などを電解液中で通電して，表面に皮膜金属を生成させたもの。
溶融亜鉛めっき	鋼材を溶融した亜鉛の中に浸せきして亜鉛めっき皮膜を生成させたもの。
硫化いぶし仕上げ	銅合金の表面を，硫黄を含む薬品を用いてかっ色に着色したもの。

問1 答2　★正しくは，

　ステンレスの表面に腐食溶解処理して模様を付けたものを，エッチング仕上げという。

問2 答3　★正しくは，

　鋼材などを電解液中で通電して，表面に皮膜金属を生成させることを電気めっきという。

141

<table>
<tr><td>仕上
施工</td><td colspan="2">**55　軽量鉄骨下地**</td></tr>
</table>

| 問 1
★★★ | 軽量鉄骨壁下地に関する記述として，**最も不適当な**ものはどれか。 |

1. スタッドは，上部ランナーの上端とスタッド天端の隙間が10 mm以下となるように取り付けた。

2. ボード1枚張りであったので，スタッドの間隔を450 mmとした。

3. 床ランナーは，端部を押さえ，900 mm間隔に打込みピンでコンクリート床に固定した。

4. スペーサーは，スタッドの建込みの前に取り付けた。

| 問 2
★★ | 軽量鉄骨壁下地に関する記述として，**最も不適当な**ものはどれか。 |

1. 床ランナーの継手は，重ね継ぎとし，打込みピンでコンクリートスラブに固定した。

2. スタッドを建て込む高さが4.0 mのため，65形のスタッドを用いた。

3. スタッドの高さが2.5 mだったので，振れ止めは，床ランナー下端から約1.2 mの高さに1段のみ設けた。

4. 出入口開口部の垂直方向の補強材は，上下のコンクリートスラブに固定した。

解答・解説

軽量鉄骨壁下地の工法

- ランナーは，継手は突付け継ぎとし，端部から 50 mm 内側を押さえ，間隔 900 mm 程度に固定する。
- スタッドは，スタッドの天端と上部ランナーの天端とのすき間が 10 mm 以下となるように取り付ける。
- 振れ止めは，床ランナー下端より間隔約 1.2 m ごとに設ける。
- 上部ランナー上端から 400 mm 以内に振れ止めが位置する場合は，その位置の振れ止めを省略できる。
- スペーサーは，各スタッドの端部を押さえ，間隔 600 mm 程度に留め付ける。
- スタッドがコンクリート壁等に添え付く場合は，振れ止め上部に打込みピンなどで固定する。
- 出入口開口部の垂直方向補強材は，上は梁またはスラブ下に達するものとし，上下とも，あと施工アンカー等で固定した取付け用金物に溶接またはボルト等で固定する。

スタッドの種類と高さ

65形	高さ 4.0 m 以下	90形	高さ 4.0 m を超え 4.5 m 以下

スタッドの間隔

下地張りのある場合	450 mm 程度	下地張りのない場合	300 mm 程度

問1 答 2 ★正しくは，

　ボード 1 枚張りは，下地張りのない場合に該当し，スタッドの間隔は 300 mm 程度とする。

問2 答 1 ★正しくは，

　床ランナーの継手は，突付け継ぎとし，打込みピン等でコンクリートスラブに固定する。

| 仕上施工 | **55　軽量鉄骨下地** |

問3
★★
軽量鉄骨天井下地に関する記述として，**最も不適当なものはどれか。**

1. 吊りボルトは，周囲の端部から300 mmに配置し，間隔は900 mm 程度とした。
2. ボード類2枚張りのため，野縁の間隔は360 mm 程度とした。
3. 高速カッターによる野縁の切断面は，錆止め塗装を行わなかった。
4. 野縁受のジョイントは，吊りボルトの近くに設け，隣り合うジョイント位置は，1 mずらした。

問4
★★
天井に用いるアルミモールディングの取付けに関する記述として，**最も不適当なものはどれか。**

1. アルミモールディングの留付けは，目立たないよう目地底にステンレス製の小ねじ留めとした。
2. 軽量鉄骨天井下地は，屋内であったので野縁の間隔を450 mm とした。
3. アルミモールディングの取付けに先立ち，半端な寸法の材料が入らないように割付けを行った。
4. 長尺のアルミモールディングには，温度変化に対する伸縮調整継手を設けた。

軽量鉄骨天井下地

- 野縁受けの間隔は，900 mm 程度とする。
- 吊りボルトの間隔は 900 mm 程度とし，周辺部は端から 150 mm 以内とする。
- 中央部が高くなるよう，室内張りのスパンに対して $\dfrac{1}{500} \sim \dfrac{1}{1000}$ 程度のむくりを付けて組み立てる。
- 野縁は，野縁受けから 150 mm 以上はね出してはならない。
- 野縁受けのジョイントは，吊りボルト，野縁受けの近くに設け，千鳥状に施工する。
- 屋外の野縁には 25 形を用い，間隔を 300 mm 程度とする。

屋内の野縁の間隔

下地張りのある場合	360 mm 程度
下地張りのない場合	300 mm 程度

アルミモールディングの取付け

- 取付けに先立ち，割付けを行う。
- 切断した場合に付着した切り粉等は，直ちに除去する。
- 取付けは，下地ごとに隠し小ねじ留めとする。
- 長尺のものには，温度変化に対する伸縮調整継手を設ける。

問3 答 1　★正しくは，

　吊りボルトは，周囲の端部から 150 mm 以内に配置し，間隔は 900 mm 程度とする。

問4 答 2　★正しくは，

　軽量鉄骨天井下地の屋内における野縁の間隔は，下地張りのある場合は 360 mm 程度，ない場合は 300 mm 程度とする。

仕上施工	**56　屋根・雨どい工事**

問 1
★★

屋根工事に関する記述として，**最も不適当なものは**どれか。

1. 繊維強化セメント板（スレート大波板）葺において，スレート大波板の鉄骨母屋への留付けにフックボルトを用いた。
2. 折板葺の棟包みの水上側には，雨水を止めるために止水面戸を用いた。
3. けらば包みの継手位置は，端部用タイトフレームの近くに設けた。
4. タイトフレームと下地材との接合は，スポット溶接とした。

問 2
★★★

硬質塩化ビニル雨どいの工事に関する記述として，**最も不適当なものは**どれか。

1. たてどいの継手は，専用の部品により接着剤を用いて取り付けた。
2. たてどいの受け金物は，900 mm 間隔で通りよく取り付けた。
3. 軒どいは，1 本の長さを 10 m 以内とし，両端を集水器に接着剤で固定した。
4. 軒どいの受け金物は，所定の流れ勾配をとり，600 mm 間隔で取り付けた。

解答・解説

長尺金属板葺

- 上下（流れ方向）は 100 mm 以上，左右（長手方向）は 200 mm 以上重ね合わせる。
- 留付けは，留付け用釘またはステープルにより，重ね合わせ部は間隔 300 mm 程度，その他は要所を留め付ける。

折板葺

タイトフレームの取付け
- 取付け位置の芯に合わせ，通りよく下地に溶接接合（隅肉溶接）する。

折板の取付け
- 重ね形折板は，各山ごとにタイトフレームに固定し，折板の重ね部に使用する緊結ボルトの間隔は 600 mm 程度とする。

各部の納まり
- けらば包みは，1.2 m 以下の間隔で下地に取り付け，けらば包みの継手の重ねは 60 mm 以上とする。
- 水上の先端には，雨水を止めるための止水面戸を用いる。
- 壁取合い部の雨押さえは，150 mm 以上立ち上げる。

硬質塩化ビニル管といの工法

- とい1本の長さは 10 m 以内とし，伸縮はあんこうまたは集水器部分で吸収するようにする。
- 軒どいの受け金物は，1.0 m 以下の間隔で通りよく取り付ける。
- たてどいの受け金物は，1.2 m 以下の間隔で通りよく取り付ける。

問1 答4 ★正しくは，

タイトフレームと下地材との接合は，隅肉溶接とする。

問2 答3 ★正しくは，

軒どいは，伸縮を集水器部分で吸収するため，両端を集水器に固定してはならない。

| 仕上施工 | **57　左官工事** |

問1

★★★

コンクリート壁下地のセメントモルタル塗りに関する記述として，**最も不適当なもの**はどれか。

1. モルタル塗りの作業性の向上，乾燥収縮によるひび割れの防止のため，メチルセルロース等の保水剤を混和剤として用いた。
2. モルタルの1回の練混ぜ量は，60分以内に使い切れる量とした。
3. 下塗りは，吸水調整材塗りの後，乾燥してから行った。
4. 下塗り用の砂は，ひび割れを防止するため，粒径の小さいものを用いた。

問2

★★★

コンクリート壁下地のセメントモルタル塗りに関する記述として，**最も不適当なもの**はどれか。

1. 下塗り，中塗り，上塗りの各層の塗り厚は，6 mm程度とした。
2. 中塗り，上塗りの塗り厚を均一にするため，下塗りの後，むら直しを行った。
3. 上塗りモルタルの調合は，下塗りモルタルよりも富調合とした。
4. 下塗り面には，金ぐしを用いて，くし目を全面に付けた。

解答・解説

モルタル塗り

材料
- 細骨材には，原則として，川砂を用いる。
- 初期乾燥収縮によるひび割れの防止，作業性の向上等のため，メチルセルロース等の保水剤を用いる。

調合及び塗り厚
- 1回の練混ぜ量は，60分以内に使い切れる量とする。
- 1回の塗り厚は，床を除き，原則として7 mm以下とする。
- 仕上げ厚または全塗り厚は，床を除き，25 mm以下とする。

工法

下塗り
- 下地処理後，下地の乾燥具合を見計らい，吸水調整材を全面に塗る。
- 吸水調整材の乾燥後，塗残しのないように全面に下塗りを行う。
- 下塗り用の砂は，粒径の大きいものを用いる。
- 下塗りは，14日以上放置して，ひび割れ等を十分発生させてから，次の塗付けを行う。

むら直し
- 中塗り，上塗りの塗り厚を均一にするため，下塗りのむらが著しい場合に行う。

中塗り
- 出隅，入隅，ちり回り等は，定規塗りを行う。

上塗り
- 上塗りモルタルの調合は，下塗りモルタルよりも貧調合とする。

問1 **答** 4 ★正しくは，

　下塗り用の砂は，ひび割れを防止するため，粒径の大きいものを用いる。

問2 **答** 3 ★正しくは，

　上塗りモルタルの調合は，下塗りモルタルよりも貧調合とする。

| 仕上施工 | **57　左官工事** |

問3
★★★

セルフレベリング材塗りに関する記述として，**最も不適当なもの**はどれか。

1. セルフレベリング材塗りは，下地となるコンクリートの打込み後，1か月経過したのちに行った。
2. 吸水調整材は，コンクリート下地にデッキブラシで十分すり込むように塗り付けた。
3. セルフレベリング材の流し込みは，吸水調整材塗布後，直ちに行った。
4. 塗厚が 10 mm のセルフレベリング材の流し込みは，1回で行った。

問4
★★

セルフレベリング材塗りに関する記述として，**最も不適当なもの**はどれか。

1. 流し込み作業中や作業後は，できる限り通風を避けるよう窓や開口部をふさいだ。
2. セルフレベリング材の流し込み後の乾燥養生期間は，外気温が低い冬季であったため，14 日間とした。
3. 流し込み作業後の表面は，金ごてを用いて平滑に仕上げた。
4. せっこう系の材料は，耐水性がないので，屋外や浴室などには使用しなかった。

セルフレベリング材塗り

- 下地コンクリートの乾燥期間は，打込み後1か月以上とする。
- 吸水調整材は，コンクリート下地にデッキブラシ等で十分すり込むように塗り付け，セルフレベリング材塗り前までに十分乾燥させておく。
- セルフレベリング材の標準塗り厚は，10 mm とする。
- 流し込み作業中は，できる限り通風をなくし，施工後もセルフレベリング材が硬化するまでは，はなはだしい通風を避ける。
- 5 ℃以下での施工は，硬化遅延・硬化不良を引き起こすおそれがあるため，気温が低い場合は施工しない。
- 硬化後，打継部の突起，気泡跡の周辺の突起等は，サンダー等で削り取る。
- 養生は，標準的な塗り厚であれば7日以上，低温の場合は14日以上を必要とする。
- 表面仕上材の施工までの期間は，30日以内を標準とする。

問3 答3 ★正しくは，

　セルフレベリング材の流し込みは，吸水調整材塗布後，十分乾燥させてから行う。

問4 答3 ★正しくは，

　セルフレベリング材は，それ自体で平滑な床下地面が得られるため，金ごてを用いて平滑に仕上げる必要がない。

セルフレベリング材の流し込み

| 仕上施工 | **57　左官工事** |

| 問5 ★★ | 床コンクリートの直均し仕上げに関する記述として, 最も不適当なものはどれか。 |

1. 床仕上げレベルを確認できるガイドレールを, 床コンクリートを打ち込んだ後に4m間隔で設置した。
2. コンクリート面を指で押しても少ししか入らない程度になった時に, 木ごてで中むら取りを行った。
3. 機械式ごてを用いた後, 最終仕上げは金ごて押えとした。
4. 張物下地は, 最終こて押えの後, 12時間程度を経てから, 3日間散水養生を行った。

| 問6 ★★★ | せっこうプラスター塗りに関する記述として, 最も不適当なものはどれか。 |

1. 塗り作業中だけでなく作業後もせっこうプラスターが硬化するまで通風を避けた。
2. 強度を高めるため, せっこうプラスターにセメントを混入した。
3. せっこうプラスターは, 適正な凝結時間と正常な硬化を得るため, 製造後3か月以内のものを使用した。
4. 下塗りは, 下地モルタルが十分乾燥した後に施工した。

解答・解説

床コンクリート直均し仕上げ

- 仕上げ精度が要求される場合には，コンクリートを打ち込む前に，ガイドレール等を 3.5 ～ 4 m 間隔に設置する。
- 中むら取りは木ごてで行う。
- 最終仕上げは金ごてで行う。
- 張物下地等では，最終こて押え後，12 時間程度を経てから，2 ～ 3 日間散水養生を行う。

せっこうプラスター塗り

材料
- 製造後 4 か月以上経過したものは使用しない。
- せっこうプラスターは，種類の違うプラスター，セメント，練り残しのプラスターなどと，絶対に混合しない。

工法
- せっこうプラスターは，下塗りや中塗りには加水後 2 時間以上，上塗りには加水後 1.5 時間以上経過したものは使用してはならない。
- せっこうラスボード下地には，アルカリ性以外のプラスターを用いなければならない。
- 下塗りは，下地モルタルが十分乾燥した後に行う。
- 中塗りは，下塗りが硬化した後に行う。
- 上塗りは，中塗りが半乾燥のうちに行う。

せっこうプラスター塗りの塗り厚

下塗り	6 ～ 8 mm	中塗り	5 ～ 7 mm	上塗り	3 ～ 5 mm

問 5 答 1 ★正しくは，

ガイドレールは，床コンクリートを打ち込む前に設置する。

問 6 答 2 ★正しくは，

せっこうプラスターにセメントを混入してはならない。

仕上
施工

57　左官工事

問7
★★★

仕上塗材仕上げに関する記述として，**最も不適当なも
の**はどれか。

1. 各工程ごとに用いる下塗材，主材及び上塗材は，同一製造所のもの
とした。

2. 仕上塗材の付着性の確保や目違いの調整のため，下地コンクリー
ト面にセメント系下地調整塗材を使用した。

3. 下地のコンクリートの不陸が 3 mm を超えていたので，合成樹脂
エマルション系下地調整塗材を使用した。

4. シーリング面への仕上塗材仕上げは，塗重ね適合性を確認し，シー
リング材の硬化後に行った。

問8
★★

仕上塗材仕上げに関する記述として，**最も不適当なも
の**はどれか。

1. 見本塗板は，所要量又は塗厚が工程ごとに確認できるように作成
した。

2. スプレーガンによる吹付けは，スプレーガンのノズルを下地面に対
してやや上向きにし，一定距離を保ちながら縦横2方向に吹き付けた。

3. 複層仕上塗材の仕上げ形状を凹凸状とするため，主材基層，主材
模様及び上塗りをローラー塗り工法とした。

4. コンクリート下地面の厚付け仕上塗材の下地調整は，目違いをサン
ダー掛けで取り除くことができたので，下地調整塗材塗りを省いた。

仕上塗材仕上げ

材料
- 製造所において，指定された色，つや等に調合し，有効期間を経過したものは使用しない。

施工一般
- 工程ごとの所要量または塗厚がわかる見本塗板を早めに提出させる。
- シーリング面に仕上塗材仕上げを行う場合は，シーリングが硬化した後に行うものとし，塗重ね適合性を確認し，必要な処置を行う。
- 複層仕上塗材の仕上げ形状を凹凸状とする場合は吹付け，ゆず肌状とする場合はローラー塗りとする。
- 複層仕上塗材の上塗材は、0.25 kg/m² 以上の所要量で 2 回塗りを標準とする。

下地調整
- 下地の不陸，仕上塗材の種類により，セメント系下地調整材，合成樹脂エマルション系下地調整材，セメント系下地調整厚塗材を使い分ける。

コンクリート面の下地調整
- 目違いは，サンダー掛け等により取り除く。
- セメント系下地調整塗材を，1 ～ 2 mm 程度全面に塗り付ける。ただし，スラブ下等の見上げ面，厚付け仕上塗材仕上げ等の場合は，下地調整塗材の塗付けを省略する。
- 下地の不陸調整厚さが 3 mm を超えて 10 mm 以下の場合は，セメント系下地調整厚塗材を塗り付ける。

問7 答3 ★正しくは，

下地のコンクリートの不陸が 3 mm を超えている場合は，セメント系下地調整厚塗材を使用する。

問8 答3 ★正しくは，

複層仕上塗材の仕上げ形状を凹凸状とする場合は，吹付けとする。

| 仕上施工 | **58　建具工事** |

| 問1 ★★★ | アルミニウム製建具に関する記述として，**最も不適当**なものはどれか。 |

1. 防虫網を合成樹脂製とする場合，網目は 16 ～ 18 メッシュのものとした。

2. 建具枠に用いる補強材には，亜鉛めっき処理した鋼材を使用した。

3. 水切り，ぜん板は，アルミニウム板を折曲げ加工するため，厚さを 1 mm とした。

4. 加工，組立てにおいて，隅部の突付け小ねじ締め部分にはシーリング材を充填した。

| 問2 ★★★ | アルミニウム製建具に関する記述として，**最も不適当**なものはどれか。 |

1. 外部建具枠回りにモルタルを充填する際，仮止め用のくさびを取り除いた。

2. 建具枠周囲に充填するモルタルの調合は，容積比でセメント 1 : 砂 4 とした。

3. 外部建具枠回りに充填するモルタルには，NaCl 換算 0.04 ％（質量比）以下まで除塩した海砂を使用した。

4. 表面処理が陽極酸化被膜のアルミニウム製部材がモルタルに接する箇所には，ウレタン樹脂系の塗料を塗布した。

解答・解説

アルミニウム製建具

材料

- 枠，かまち，水切り，ぜん板等に使用するアルミニウム板の厚さは，1.5 mm 以上とする。
- 補強材，力骨，アンカー等は，鋼製またはアルミニウム合金製とし，鋼製のものは，亜鉛めっきを行うなど，接触腐食の防止処置を行う。
- アルミニウムに接する小ねじ等の材質は，ステンレスとする。

加工・組立て

- 突付け部は，漏水防止のためシーリング材またはシート状の止水材を使用する。
- 枠，くつずり，水切り板等のアンカーは，両端から逃げた位置から間隔500 mm 以下に取り付ける。

鉄筋コンクリート造への取付け

- 外部回りの仮止め用くさびは，必ず取り除く。
- 外部建具の周囲に充填するモルタルに使用する防水剤は，塩化カルシウム系等，金属の腐食を促進するものは使用しない。
- 充填モルタルの調合は，容積比でセメント 1：砂 3 とし，砂の塩分含有量は，NaCl 換算 0.04％とする。
- サッシ回りのモルタルの充填は，開口部の左右に 45 mm 程度，下部に75 mm 程度のすき間を設け，水切り板とサッシ下枠部を 2 度に分けて充填する。

問 1 答 3　★正しくは，

　水切り，ぜん板に用いるアルミニウム板の厚さは，1.5 mm 以上とする。

問 2 答 2　★正しくは，

　建具枠周囲に充填するモルタルの調合は，容積比でセメント 1：砂3 とする。

仕上施工

58　建具工事

問3
★★★

鋼製建具に関する記述として，**最も不適当なもの**はどれか。

1. 建具枠の取付けにおいて，枠の取付け精度は対角寸法差5mm以内とした。
2. 建具枠は，あらかじめくつずりの裏面に鉄線を付けておき，モルタル詰めを行った後，取り付けた。
3. 外部に面する鋼製ドアのステンレス製くつずりは，両端を縦枠より延ばし，縦枠の裏面で溶接した。
4. 防火戸に設けるがらりは，防火ダンパー付きのものとした。

問4
★★

鋼製建具に関する記述として，**最も不適当なもの**はどれか。

1. 鋼製両面フラッシュ戸の表面板裏側の見え隠れ部分は，防錆塗装を行わなかった。
2. フラッシュ戸の組立てにおいて，中骨は鋼板厚さ1.6mmとし，300mm程度間隔で設けた。
3. フラッシュ戸の表面板と中骨の固定は，構造用接合テープを用いて接合した。
4. 外部に面する両面フラッシュ戸の見込み部は，上下を除いた左右2方向のみ，表面板で包んだ。

鋼製建具

枠の組立て

- 屋外及び水掛りとなる場合は，溶接とする。
- 屋内に使用する鋼製建具は，溶接に代えて小ねじ留め（裏板厚さ 2.3 mm 以上）によることができる。
- 枠の取付け精度は，対角寸法差 3 mm 以内とする。

くつずり

- くつずりの材料は，厚さ 1.5 mm 以上のステンレス鋼板とする。
- 外部及び水掛りに面するものは両端を縦枠より延ばし，屋内は縦枠内に納め，裏面で溶接する。
- くつずりは，あらかじめ裏面に鉄線を付けておき，モルタル詰めを行った後，取り付ける。

枠類のつなぎ補強

- 枠・くつずり・水切り板等の見え隠れ部には，つなぎ補強板を，両端から逃げた位置から，間隔 600 mm 以下に取り付ける。

戸の組立て

- フラッシュ戸では，中骨は間隔 300 mm 程度に配置する。
- 外部に面する戸は，下部を除き 3 方の見込み部を表面板で包む。
- 内部に面する戸は，上下部を除き 2 方の見込み部を表面板で包む。
- 特定防火設備で片面フラッシュ戸の場合，鋼板の厚さは実厚で 1.5 mm 以上とする。

問 3 答 1 ★正しくは，

建具枠の取付けにおいて，枠の取付け精度は対角寸法差 3 mm 以内とする。

問 4 答 4 ★正しくは，

外部に面する両面フラッシュ戸の見込み部は，下部を除いた 3 方を，表面板で包む。

仕上
施工

58　建具工事

問5
★★

木製建具のフラッシュ戸に関する記述として，**最も不適当なもの**はどれか。

1. 戸の錠前当たりの部分は，高さ300 mm以上の増し骨で補強を施した。

2. フラッシュ戸に反りが生じないよう，表と裏の面材は同一のものとした。

3. ホットプレス機を使用するので建具の膨らみを防止するため，上・下かまち及び横骨に3 mm程度の空気穴を設けた。

4. 高さが2,100 mmの扉の心材は中骨式とし，横骨を450 mm間隔で入れた。

問6
★★

木製建具工事に関する記述として，**最も不適当なもの**はどれか。

1. フラッシュ戸の表面と周囲をふすまと同様に仕上げたものを，戸ぶすまという。

2. 窓や出入口の枠と壁の境目を隠すために取り付ける材を，額縁という。

3. かまちの上に戸の全面にわたって平らな板を両面とも張り付けた戸を，かまち戸という。

4. 板戸におけるかまちと桟の間にはめ込んで配する一枚板を，鏡板という。

解答・解説

木製建具のフラッシュ戸

心材	中骨式またはペーパーコア式のものを用いる。
中骨	むく材を用いる。

木製フラッシュ戸の心材

中骨式	中骨（見付け 12 mm 以上）を横方向（間隔 150 mm 以下）に配置する。
ペーパーコア式	中骨（見付け 15 mm 以上）を 4 か所入れ，中骨の間にペーパーコアを入れる。

木製建具に関する用語

フラッシュ戸	かまちの上に戸の全面にわたって平らな板を両面とも張り付けた戸。
かまち戸	かまち材で上下左右の 4 方を枠組みし，その中にガラスなどを入れた戸。
戸ぶすま	フラッシュ戸の表面と周囲を，ふすまと同様に仕上げたもの。
額縁	窓や出入口の枠と壁の境目に取り付ける見切材。
鏡板	かまちや額縁などにはめ込んだ薄板。

問5 **答** 4 ★正しくは，

中骨式の横骨の間隔は，150 mm 以下とする。

問6 **答** 3 ★正しくは，

かまちの上に戸の全面にわたって平らな板を両面とも張り付けた戸を，フラッシュ戸という。なお，かまち戸は，かまち材で上下左右の4方を枠組みし，その中にガラスなどを入れた戸である。

仕上
施工

58　建具工事

問7
★★

重量シャッター工事に関する記述として，**最も不適当なものはどれか。**

1. 特定防火設備の防火シャッターのケースには，スラットと同じ厚さ 1.6 mm の鋼板を用いた。
2. 特定防火設備の防火シャッターによる危害の防止のため，自動閉鎖型のシャッターに障害物感知装置を設けた。
3. シャッターのスラット相互のずれ止めとして，スラットの端部にフックを取り付けた。
4. シャッターの内法寸法が 3 m 以下のため，左右ガイドレールとスラットとのかみ合せ長さの合計は 90 mm とした。

問8
★★

重量シャッター工事に関する記述として，**最も不適当なものはどれか。**

1. 特定防火設備の防火シャッターのスラットの鋼板の厚さは，実厚で 0.8 mm とした。
2. 特定防火設備の防煙シャッターのスラットの形状は，オーバーラッピング形とした。
3. 埋込み形のガイドレールのアンカーは，ガイドレールの両端を押さえ，中間部の間隔は 600 mm とした。
4. 強風時にスラットが外れることを防ぐため，スラットの端部にフックを取り付けた。

解答・解説

重量シャッターに使用する鋼板類の厚さ

スラット		1.6 mm *
シャッターケース		1.6 mm *
ガイドレール	埋込み形	1.5 mm
	露出形	1.5 mm *

*特定防火設備の場合は，実厚で 1.5 mm 以上とする。

スラットとガイドレールのかみ合わせ

シャッターの内法寸法	左右かみ合わせ長さの合計
3 m 以下	90 mm 以上
3 m を超え 5 m 以下	100 mm 以上
3 m を超え 8 m 以下	120 mm 以上

重量シャッターの加工・組立て

スラット
- スラットの形式は，インターロッキング形とする。ただし，防煙シャッターの場合は，オーバーラッピング形とする。
- 差込み後，端金物を付けるか，または端部を折り曲げて，ずれ止めとする。

ガイドレール
- アンカーは，建具に適したもので，両端を押さえ，埋込み形で間隔 600 mm 以下，露出形で間隔 500 mm 以下とする。

問 7 **答** 3 ★正しくは，

シャッターのスラット相互のずれ止めには，スラットの端部に<u>端金物</u>を取り付けるか，端部を<u>折り曲げる</u>。

問 8 **答** 1 ★正しくは，

特定防火設備の防火シャッターのスラットの鋼板の厚さは，実厚で<u>1.5 mm 以上</u>とする。

仕上
施工

58　建具工事

問9
★★

建具金物に関する記述として，最も不適当なものはどれか。

1. ピボットヒンジは，床に埋め込まれる扉の自閉金物で，自閉速度を調整できる。
2. 防水層と取り合う建具枠には，枠取付け形のピボットヒンジを用いることとした。
3. グラビティヒンジは，扉側と枠側のヒンジ部の勾配を利用し，常時開又は常時閉鎖の設定ができる。
4. トイレブースの扉には，自重で自閉するグラビティヒンジを用いることとした。

解答・解説

吊り金物

丁番	開きサッシ，ドア等の障子，戸を支え，その開閉を行う。
グラビティヒンジ	トイレブースの扉に使用する。丁番式と軸吊り式がある。勾配を利用して常時開または常時閉鎖を設定できる。
ピボットヒンジ	戸を上下から軸で支える機構で，持出し吊りと中心吊りがある。
軸吊りヒンジ	点検口，パイプシャフトドア等の軽量戸に使用し，上下2個で1組となり，ばねの自閉機能を持つものもある。
フロアヒンジ	戸を自閉でき，かつ，自閉速度を調整できる，床用のヒンジ。
ドアクローザ	戸と枠に取り付け，戸を手で開き自動的に閉じる機能を持つ。

錠

シリンダー箱錠	デッドボルトとラッチボルトを有し，シリンダー式の施錠機構の錠。防犯効果があり，外部の錠として有効。
モノロック	トリガー付きのラッチボルトのみで，デッドボルトを有しない錠。外側からは鍵操作で，内側からはボタンを押すと外側の握り玉の回転が固定され，施錠状態となる。
本締り錠	デッドボルトのみを有し，錠またはサムターンで解錠できる。
本締り付きモノロック	デッドボルトのみを有し，鍵でデッドボルトを作動し，握り玉でラッチボルトを作動する。

問9 答1 ★正しくは，

1は，フロアヒンジについての記述である。

165

| 仕上施工 | **58　建具工事** |

| 問10 ★★★ | ガラス工事に関する記述として，**最も不適当なもの**はどれか。 |

1. 板ガラスの切断面は，クリーンカット（クリアカット）とし，エッジ強度の低下を防いだ。
2. 不定形シーリング材構法におけるセッティングブロックは，ガラス下辺の両角の下に設置した。
3. 外部に面するサッシに複層ガラスを用いるため，建具の下枠に水抜き孔を設けた。
4. グレイジングチャンネルの継目の位置は，ガラスの上辺中央部とした。

| 問11 ★★ | 外部に面するサッシのガラス工事に関する記述として，**最も不適当なもの**はどれか。 |

1. 型板ガラスは，型模様面を室内側とした。
2. 熱線反射ガラスは，反射膜コーティング面を室内側とした。
3. 厚さ8mmの単板ガラスの留付けは，不定形シーリング材構法とした。
4. 複層ガラスは，単一成形品によるグレイジングチャンネルにより取り付けた。

解答・解説

水抜き孔の設置

- 外部に面する複層ガラス，合わせガラス，網（線）入りガラスの小口部分は，長期に水と接することを避けなければならないため，建具の下枠に水抜き孔を設ける。
- 水抜き孔の直径は 6 mm 以上とし，2 箇所とする。
- セッティングブロックによるせき止めがある場合には，セッティングブロックの中間に 1 箇所追加する。

ガラスのはめ込み

シーリング材を用いる場合

- セッティングブロックを，ガラスの両角より横幅寸法の約 $\frac{1}{4}$ のところに 2 箇所設置する。

グレイジングチャンネルを用いる場合

- 継目の位置は上辺中央とし，すき間が生じないようにする。
- グレイジングチャンネルは，止水性に劣るため，外部に面する複層ガラス，合わせガラス等には用いない。

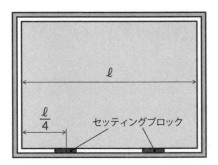

問10 答 2 ★正しくは，

　不定形シーリング材構法におけるセッティングブロックは，ガラス下辺の両角よりガラスの横幅寸法の約 $\frac{1}{4}$ の箇所に設置する。

問11 答 4 ★正しくは，

　グレイジングチャンネルは止水性に劣るため，外部に面する複層ガラスには用いない。

仕上
施工

59　塗装工事

問1
★★★
塗装工事における素地ごしらえに関する記述として，最も不適当なものはどれか。

1. 木部面の節止めにセラックニスを塗布し，気温が 20 ℃であったため，工程間隔時間を 1 時間とした。
2. 透明塗料塗りをする木部面に著しい色むらがあったため，着色剤を用いて色むら直しを行った。
3. 透明塗料塗りの木部面に付着したアスファルトや油類は，皮すきで取り除き，溶剤でふいて乾燥させた。
4. 不透明塗料塗りの木部面は，節止めの後に穴埋め・パテかいを行った。

問2
★★
塗装工事における素地ごしらえに関する記述として，最も不適当なものはどれか。

1. モルタル面に行うシーラー塗りは，パテかいを行う前に行った。
2. 鉄鋼面は，錆落しを行った後に油類除去を行った。
3. 鉄鋼面に付着した機械油の除去は，石油系溶剤を用いて行った。
4. 鉄鋼面の錆及び黒皮は，サンドブラストで除去した。

解答・解説

木部の素地ごしらえ

不透明塗料塗りの木部面
- 節止めの後に穴埋め・パテかいを行う。
- 節止めには，セラックニス等を用い，工程間隔時間（気温20℃のとき）は2時間以上とする。

透明塗料塗りの木部面
- 付着したアスファルトや油類は，皮すきで取り除き，溶剤でふいて乾燥させる。
- 著しい色むらがあるときは，着色剤を用いて色むら直しを行う。
- 仕上げに支障のおそれがある変色は，漂白剤を用いて修正する。

鉄鋼面の素地ごしらえ

作業の流れ
- 汚れ・付着物の除去 → 油類除去 → 錆落し

油類除去
- 動植物油は，加熱した弱アルカリ液で分解洗浄する。
- 鉱物油は，石油系溶剤等を用いて洗浄する。

錆落し
- 黒皮は，ショットブラスト，グリッドブラスト，サンドブラスト等により除去する。
- 赤皮は，ディスクサンダー，ワイヤブラシ，スクレーパー，研磨紙等で取り除く。

問1 答1 ★正しくは，

木部面の節止めにはセラックニス類を塗布し，気温が20℃のときの工程間隔時間は2時間以上とする。

問2 答2 ★正しくは，

鉄鋼面は，油類除去を行った後に錆落しを行う。

仕上
施工

59　塗装工事

問3
★★★
塗装工事における素地ごしらえに関する記述として，最も不適当なものはどれか。

1. ALC パネル面の吸込み止めは，下地調整前に全面に塗布した。
2. けい酸カルシウム板面の吸込み止めは，穴埋めやパテかいの後に塗布した。
3. セメントモルタル塗り面の素地ごしらえは，セメントモルタル塗り施工後 2 ～ 3 週間経過した後に行った。
4. せっこうボード面のパテかいは，合成樹脂エマルションパテを用いて行った。

問4
★★★
塗装工事に関する記述として，最も不適当なものはどれか。

1. 鉄鋼面の合成樹脂調合ペイントの上塗りの塗付け量は，0.08 kg/m^2 とした。
2. 内部の合成樹脂調合ペイント塗りの目止めには，合成樹脂エマルションパテを用いた。
3. 合成樹脂エマルションペイント塗りにおいて，天井面等の見上げ部分では研磨紙ずりを省略した。
4. 合成樹脂エマルションペイント塗りにおいて，中塗り後，2 時間放置してから次工程の作業を行った。

吸込止め

モルタル面，プラスター面，ボード面	・穴埋め，パテかいの前に行う。
コンクリート面，ALC面，押出成形セメント板面	・下地調整塗りの前に行う。

穴埋め・パテかい

モルタル面，プラスター面	・外部，水掛り部には，建築用下地調整塗材を用いる。 ・屋内には，合成樹脂エマルションパテ（耐水形）を用いる。
せっこうボード面	・合成樹脂エマルションパテ等を用いる。

合成樹脂調合ペイント塗り

- 木部，鉄鋼面，亜鉛めっき鋼面に適用する。
- 上塗りの塗付け量は，$0.08\ \mathrm{kg/m^2}$ とする。

合成樹脂エマルションペイント塗り

- 各塗装工程の標準工程間隔時間（気温20℃のとき）は，3時間以上とする。
- 天井面等の見上げ部分は，研磨紙ずりを省略する。

問3 答2 ★正しくは，

けい酸カルシウム板面の吸込み止めは，穴埋めやパテかいの前に塗布する。

問4 答4 ★正しくは，

合成樹脂エマルションペイント塗りにおいては，中塗り後，3時間以上放置してから次工程の作業を行う。

仕上施工	**59　塗装工事**

問5 ★★	塗装工事に関する記述として，最も不適当なものはどれか。

1. オイルステイン塗りの色濃度の調整は，シンナーによって行った。

2. アクリル樹脂系非水分散形塗料塗りにおいて，下塗りには上塗りと同一材料を用いた。

3. 木部のクリヤラッカー塗りの下塗りに，ウッドシーラーを用いた。

4. クリヤラッカー塗りにおける着色は，下塗りのウッドシーラー塗布後に着色した。

問6 ★★★	塗装工事に関する記述として，最も不適当なものはどれか。

1. 強溶剤系の塗料をローラーブラシ塗りとするため，モヘアのローラーブラシを用いた。

2. 壁面をローラーブラシ塗りとする際，隅やちり回りなどは，小ばけを用いて先に塗布した。

3. エアレススプレーによる吹付け塗りは，高粘度，高濃度の塗料による厚膜塗装に適している。

4. エアスプレーによる吹付け塗りは，スプレーガンの空気圧が低過ぎると噴霧が粗く，塗り面がゆず肌状になる。

解答・解説

塗装工事

> クリヤラッカー塗り
> - 下塗りには，ウッドシーラーを用いる。
> - 中塗りには，サンジングシーラーを用いる。
> - 着色は，下塗り前に行う。
> - 相対湿度 80 ％以上のときは，作業を中止する。
> - 標準工程間隔時間（気温 20 ℃のとき）は，24 時間以上とする。
>
> アクリル樹脂系非水分散形塗料塗り
> - 下塗り，中塗り，上塗りには，同一材料を用いる。
> - 標準工程間隔時間（気温 20 ℃のとき）は，3 時間以上とする。
>
> オイルステイン塗り
> - 建築物の屋内の木部に適用する。
> - 耐候性が劣るため，建築物の屋外には使用しない。
> - 色濃度の調整は，シンナーによって行う。
> - 標準工程間隔時間（気温 20 ℃のとき）は，24 時間以上とする。
>
> 塗装工法
> - 強溶剤系の塗料をローラーブラシ塗りとするときは，ウールのローラーブラシを用いる。
> - エアレススプレーによる吹付け塗りは，高粘度・高濃度の塗料による厚膜塗装に適する。

問5 **答** 4　★正しくは，

クリヤラッカー塗りにおける着色は，下塗りのウッドシーラー塗布前に行う。

問6 **答** 1　★正しくは，

強溶剤系の塗料をローラーブラシ塗りとするときは，ウールのローラーブラシを用いる。

仕上施工	60　床張り工事

問1 ★★★

床のフローリングボード張りに関する記述として，最も不適当なものはどれか。

1. 根太張り用のフローリングボードは，根太上に接着剤を塗布し，雄ざねの付け根から隠し釘留めとした。

2. 根太張り工法におけるフローリングボードは，厚さが 10 mm の単層フローリングボードを用いた。

3. 根太張り工法におけるフローリングボードを張り込む際，隣接するボードの継手位置を 150 mm 離して割り付けた。

4. 根太張り工法で釘打ちと併用する接着剤は，エポキシ樹脂系接着剤とした。

問2 ★★

床のフローリングボード張りに関する記述として，最も不適当なものはどれか。

1. フローリングボードに生じた目違いは，パテかいにより平滑にした。

2. 接着工法における，フローリングボードのモルタル下地への接着剤は，エポキシ樹脂系接着剤を使用した。

3. 直張り工法における下張り用床板は，厚さ 12 mm の構造用合板を使用した。

4. 直張り工法における接着剤は，下張り用床板に 300 mm 程度の間隔でビート状に塗り付けた。

解答・解説

根太張り工法

- 根太上に接着剤を塗布し，雄ざねの付け根から隠し釘留めとする。
- 接着剤は，エポキシ樹脂系，ウレタン樹脂系，変成シリコーン樹脂系とする。
- フローリングボードの板厚は，15 mm とする。
- フローリングボードを張り込む際は，隣接するボードの継手位置を 150 mm 程度離して割り付ける。

直張り工法

- 下地に接着剤を塗布し，雄ざねの付け根から隠し釘留めとする。
- 接着剤は，下張り用床板に 300 mm 程度の間隔でビート状に塗り付ける。
- フローリングボードの板厚は，12 mm 以上とする。
- 下張り用床板には，厚さ 12 mm の構造用合板を用いる。
- 釘の留付け間隔は，継手部 150 mm 程度，中間部 200 mm 程度とする。
- 根太間隔は，300 mm 程度とする。
- 下張りと上張りの継手位置が合わないようにする。

接着工法

- コンクリートまたはモルタル下地の類に，接着剤を用いて張り込む。
- 接着剤は，エポキシ樹脂系，ウレタン樹脂系，変成シリコーン樹脂系とする。
- フローリングボードの板厚は，8 mm 以上とする。

問 1 **答** 2 ★正しくは，

　根太張り工法におけるフローリングボードの板厚は，15 mm とする。

問 2 **答** 1 ★正しくは，

　フローリングボードに生じた目違いは，養生期間経過後，サンディングして平滑にする。なお，パテかいは，塗装工事に用いる。

仕上
施工

60　床張り工事

問3
★★★
合成樹脂塗床に関する記述として，**最も不適当なもの**はどれか。

1. コンクリート下地に油分等が付着していたので，脱脂処理を行った。
2. ウレタン樹脂系塗床材の2層目の塗重ねは，先に塗った層が完全に硬化してから行った。
3. 樹脂モルタルのベースコートの練混ぜにおいて，主剤と硬化剤を十分に攪拌した後，骨材を最後に加えた。
4. 流しのべ工法とするため，下地コンクリート表面の仕上げは，金ごて仕上げとした。

問4
★★★
合成樹脂塗床に関する記述として，**最も不適当なもの**はどれか。

1. 合成樹脂を配合したパテ材や樹脂モルタルでの下地調整は，プライマーを塗布した後に行う。
2. 防滑のための骨材の散布は，前工程の塗膜が硬化した後に，むらのないように均一に散布する。
3. エポキシ樹脂モルタル仕上げにおいて，下地との密着性をよくするためにタックコートを塗布する。
4. 弾性ウレタン床では，耐候性を確保するために，トップコートを塗布する。

解答・解説

合成樹脂塗床

下地の処理
- あらかじめコンクリート表層のぜい弱な層を，研磨機等で除去する。
- 油分等が付着している場合は，脱脂処理をする。
- 合成樹脂を配合したパテ材や樹脂モルタルを用いて下地処理する場合は，プライマーを塗布した後に行う。

塗床材の塗付け
- トップコートは，紫外線（主に直射日光）によるベースコートの変色・劣化抑制、または意匠性・機能性等の向上が求められる場合に用いる。
- ウレタン樹脂系塗床材の1回の塗付け量は，2 kg/m² 以下とし，それを超える場合は，塗り回数を増やす。
- ウレタン樹脂系塗床材の2層目の塗重ねは，先に塗った層が硬化する前に行う。
- 立上り面の施工は，だれを生じないよう，よう変剤を混入した材料を用いる。
- 樹脂モルタル工法では，下地と樹脂モルタルとの付着性を高めるため，プライマーと樹脂モルタルの間にタックコートを塗布する。
- 防滑のための骨材散布は，上塗り1回目が硬化する前に，むらのないように均一に散布する。

施工管理
- 気温が5℃以下，相対湿度が80％以上の場合は，施工を中止する。

問3 **答** 2 ★正しくは

　ウレタン樹脂系塗床材の2層目の塗重ねは，先に塗った層が硬化する前に行う。

問4 **答** 2 ★正しくは，

　防滑のための骨材の散布は，上塗り1回目が硬化する前に，むらのないように均一に散布する。

仕上
施工

60　床張り工事

問 5
★★★

ビニル床シート張りに関する記述として，**最も不適当なものはどれか。**

1. 柄模様のシートは，接合部の柄合せを行い，重ね切りした。

2. シートは割付け寸法に従って裁断し，直ちに張り付けた。

3. シートの張付けは，空気を押し出すように行い，その後ローラーで圧着した。

4. 床シートの幅木部への巻上げは，シートをニトリルゴム系接着剤により張り付けた。

問 6
★★★

ビニル床シート張りにおける熱溶接工法に関する記述として，**最も不適当なものはどれか。**

1. ビニル床シートを張り付け，接着剤が硬化した後，溶接を行った。

2. 溶接部のシートの溝部分と溶接棒は，250 ～ 300℃の熱風で加熱溶融した。

3. 溶接完了後，溶接部が完全に冷却したのち，余盛りを削り取り平滑にした。

4. 継目の溝は V 字形とし，シート厚の $\frac{2}{3}$ 程度まで溝切りした。

解答・解説

ビニル床シート張り

- 張付けに先立ち，仮敷きを行い，巻きぐせを取る。
- 張付け後に湿気及び水の影響を受けやすい箇所には，エポキシ樹脂系またはウレタン樹脂系接着剤を使用する。
- 接着剤は，所定のくし目ごてを用い，下地面へ均一に塗布する。
- 必要に応じて接着剤を裏面にも塗布し，空気だまり，不陸，目違い等のないように，べた張りとする。
- 張付け後は，表面に出た余分の接着剤をふき取り，ローラー等で接着面に気泡が残らないように圧着する。
- 張付け時及び接着剤硬化前の室温が 5 ℃以下になる場合は，工事を中止するか，採暖等の養生を行う。

熱溶接工法

- ビニル床シート張付け後，接着剤が完全に硬化してから，はぎ目及び継手を溝切カッター等で溝切りを行う。
- 溝は，V 字形または U 字形とし，床シートの厚さの $\frac{2}{3}$ 程度まで溝切りする。
- 床シートの溝部分を，180 ～ 200 ℃の熱風で加熱溶融し，余盛りができる程度に加圧しながら行う。
- 溶接完了後，溶接部が完全に冷却した後，余盛りを削り取り，平滑にする。

問5 答2 ★正しくは，

　シートは割付け寸法に従って裁断し，仮敷きして巻きぐせをとってから張り付ける。

問6 答2 ★正しくは，

　溶接部のシートの溝部分と溶接棒は，180 ～ 200 ℃の熱風で加熱溶融する。

仕上
施工

60　床張り工事

問7
★★

カーペット敷きに関する記述として，**最も不適当なも**のはどれか。

1. タフテッドカーペットの敷込みは，全面接着工法とした。

2. タイルカーペットの目地は，フリーアクセスフロアの床パネルの目地とずらして割り付けた。

3. タイルカーペットは，粘着はく離形の接着剤を用いて張り付けた。

4. 全面接着工法によるカーペットは，ニーキッカーを用いて，十分伸長させながら張り付けた。

問8
★★★

カーペット敷きに関する記述として，**最も不適当なも**のはどれか。

1. ウィルトンカーペットは，はぎ合わせを手縫いでつづり縫いとした。

2. ヒートボンド工法によるカーペットの接合は，接着テープを用いてアイロンで加熱しながら圧着した。

3. グリッパー工法における下敷き材のフェルトの端部は，グリッパーに重ねて固定した。

4. グリッパー工法のグリッパーは，壁際からの隙間を均等にとって打ち付けた。

カーペットの種類と工法

織じゅうたん	グリッパー工法
タフテッドカーペット	グリッパー工法
	全面接着工法
ニードルパンチカーペット	全面接着工法
タイルカーペット	全面接着工法（粘着はく離形接着剤使用）

グリッパー工法

- 下敷き材の接合，敷きじまいは突付けとし，すき間なく敷き込み，要所を接着剤または釘で留め付ける。
- グリッパーは，部屋の周囲の壁際や柱回りに均等なすき間をつくり，接着剤または釘で固定する。
- 張りじまいは，ニーキッカーで伸展しながらグリッパーに引っ掛け，カーペットの端をステアツールで溝に巻き込むように入れる。
- 織じゅうたんのはぎ合せは，切断部分のほつれ止め措置後，ヒートボンド工法またはつづり縫いとする。

タイルカーペット張り

- 平場に張り付ける場合は，原則として市松張りとする。
- 張付けは，タイルカーペットを押し付けながら部屋の中央から端部へ敷き込む。
- フリーアクセスフロアの場合，パネルの目地にまたがるように割り付ける。

問7 答4 ★正しくは，

4 は，グリッパー工法についての記述である。

問8 答3 ★正しくは，

グリッパー工法における下敷き材のフェルトの端部は，グリッパーに突き付けて固定する。

| 仕上施工 | **61　壁張り工事** |

問1
★★★

壁のせっこうボード張りに関する記述として，**最も不適当なもの**はどれか。

1. せっこう系接着材による直張り工法におけるボードの張付けは，定規でボードの表面をたたきながら不陸がないように張り付ける。

2. 壁のせっこう系直張り用接着材の1回の練混ぜ量は，2時間で使い切る量とした。

3. せっこう系接着材直張り工法における張付けは，くさびをかってボードを床面から浮かし，床面からの水分の吸い上げを防いだ。

4. 目透し工法で仕上げる壁は，スクエアエッジのボードを使用した。

問2
★★

壁のせっこうボード張りに関する記述として，**最も不適当なもの**はどれか。

1. 目地のない平滑な下地面とするため，テーパーエッジのせっこうボードを用いて継目処理を行った。

2. 出隅部には，衝突による損傷防止のため，コーナー保護金物を使用した。

3. 鋼製下地に張り付ける場合のドリリングタッピンねじの留付け間隔は，ボードの中間部より周辺部を小さくした。

4. 鋼製下地に張り付ける場合のドリリングタッピンねじの頭は，ボード面と同面となるように締め込んだ。

ボード類の張付け工法

- ドリリングタッピンねじ等の小ねじ，釘の頭が，せっこうボードの表面より少しへこむように確実に留め付ける。
- 軽量鉄骨下地に直接張り付ける場合，ドリリングタッピンねじは下地の裏面に 10 mm 以上の余長が得られる長さとする。
- 壁を二重張りとする場合，下張りと上張りの継目位置が重ならないようにする。

せっこう系接着剤直張り工法

張付け用接着剤の塗付け
- 1 回の練混ぜ量は，1 時間以内に使い切れる量とする。
- 接着剤の盛り上げ高さは，接着するボードの仕上がり面までの高さの 2 倍以上とする。
- 1 回の接着剤の塗付けは，張り付けるボード 1 枚分とする。

張付け
- 定規でボード表面をたたきながら，不陸がないように張り付ける。
- 床面からの水分の吸い上げを防ぐため，床面から 10 mm 程度浮かして張り付ける。

せっこうボード表面の仕上げを行う場合の放置時間

仕上げ材に通気性あり　7 日以上	仕上げ材に通気性なし　20 日以上

問 1 答 2　★正しくは，

　壁のせっこう系直張り用接着材の 1 回の練混ぜ量は，1 時間以内で使い切る量とする。

問 2 答 4　★正しくは，

　鋼製下地に張り付ける場合のドリリングタッピンねじの頭は，ボード面より少しへこむように締め込む。

| 仕上施工 | **61　壁張り工事** |

| 問3 ★★★ | 壁紙張りに関する記述として，最も不適当なものはどれか。 |

1. 接着剤は，でん粉系接着剤と合成樹脂系接着剤を混合したものを用いた。
2. 施工中の室内の温度や湿度が高かったため，通風や換気を行った。
3. 張替えの際に，壁紙をはがしやすくするため，シーラーは部分的に塗布した。
4. 壁紙の張付けを完了したあとの室内は，接着剤の急激な乾燥を避けるため，通風を避けた状態とした。

| 問4 ★★★ | 壁紙張りに関する記述として，最も不適当なものはどれか。 |

1. 下地のせっこうボードのジョイントと壁紙のジョイントが，重ならないように張り付ける。
2. 下地のせっこうボード面にシーラーを全面に塗布した場合，壁紙のジョイントは，下敷きを用いないで重ね切りする。
3. 室内に柱が張り出している場合は，柱の正面でジョイントせず，ジョイントを両側面にまわすように割り付ける。
4. 重ね張りとする壁紙は，強い光の入る側から張り出す。

壁紙張りの施工

- 防火張りに使用する接着剤量は，$30~\mathrm{g/m^2}$ 以下とする。
- せっこうボード直張り工法の場合は，接着剤の乾燥が遅いので，十分な養生期間をとる。
- 下地には，壁紙専用の吸込み止め（シーラー）を塗る。
- シーラーは，全面にむらなく塗布する。
- 下地に使われる釘，ビス等の金物類は，黄銅，ステンレス等を除き，錆止め処理をする。
- 壁紙のジョイントは，できるだけ突付け張りとし，やむを得ず重ね裁ちする場合は，下敷きを当てて行う。
- 張り終わった箇所ごとに，表面についた接着剤や手あか等を直ちにふき取る。
- 重ね張りは，重ね部分が目立たないように，強い光が入る側から張り出す。

シーラー塗りの目的

① 接着性の向上
② 下地の吸水性の調整，あく等の表面への浮き出し防止
③ 張り作業が容易な下地面作り
④ 下地の色違いの修正
⑤ 張替えの際のはがしやすい下地作り

問 3 答 3 ★正しくは，

　張替えの際に，壁紙をはがしやすくするため，シーラーは全面にむらなく塗布する。

問 4 答 2 ★正しくは，

　壁紙のジョイントを，やむを得ず重ね切りする場合は，下敷きを当てて行い，刃物で下地表面を傷つけないように施工する。

仕上施工

62　内装木工事

問1
★★★

内装木工事に関する記述として，**最も不適当なもの**はどれか。

1. 敷居，かもいの溝じゃくりは，木裏側に行った。
2. 木製ドアの三方枠の戸当たりは，つけひばたとした。
3. 押入れのぞうきんずりは，柱間に切り込み，内壁に添え付け，受材当たりに釘打ちとした。
4. 造作材の釘打ちに用いる釘の長さは，打ち付ける板材の厚さの 2.5 倍とした。

問2
★★

内装木工事に関する記述として，**最も不適当なもの**はどれか。

1. 幅木の出隅部分の取合いは，見付け留めとした。
2. 化粧面となる造作材への釘打ちは，隠し釘打ちとした。
3. 湿気のおそれのあるコンクリート壁面への木れんがの取付けには，酢酸ビニル樹脂系溶剤形の接着剤を用いた。
4. さお縁天井の天井板は，継手位置を乱とし，さお縁心で突付け継ぎとした。

解答・解説

削り代

板材，小割り類	片面仕上げ	1.5 mm 程度
	両面仕上げ	3.0 mm 程度
角材，平割り類	片面仕上げ	3.0 mm 程度
	両面仕上げ	5.0 mm 程度

釘の寸法

釘径	板厚の $\frac{1}{6}$ 以下
釘の長さ	板厚の $2.5 \sim 3$ 倍（板厚 10 mm 以下の場合は 4 倍）

木れんが

- 湿気のおそれのある箇所，鋼材面には，酢酸ビニル樹脂系溶剤形ではなく，エポキシ樹脂系接着剤を使用する。

かもい，敷居

- 溝じゃくりは，木表側に行う。
- かもいは，一方横ほぞ入れ，他方上端 2 箇所釘打ちとし，中間は間柱等に釘打ちとする。
- 畳付きの敷居のせいは，畳の厚さと同寸とし，幅は柱幅とする。

問1 答1 ★正しくは，

敷居，かもいの溝じゃくりは，木表側に行う。

問2 答3 ★正しくは，

湿気のおそれのあるコンクリート壁面への木れんがの取付けには，エポキシ樹脂系接着剤を用いる。

| 仕上 施工 | **63　カーテン工事** |

| 問1 ★★★ | カーテン工事に関する記述として，**最も不適当なもの**はどれか。 |

1. レースカーテンのカーテンボックスは，窓幅に対して片側各々150 mm 長くした。

2. カーテンレールがダブル付けのカーテンボックスの奥行き寸法は，100 mm とした。

3. 中空に吊り下げるカーテンレールの吊り位置は，間隔を 1 m 程度とし，曲り箇所及び継目部分にも設けた。

4. カーテンレールに取り付けるランナーの数は，1 m 当たり 8 個とした。

| 問2 ★★★ | カーテン工事に関する記述として，**最も不適当なもの**はどれか。 |

1. カーテン上端の折返し長さは，使用するフック（ひるかん）の長さにより定めた。

2. 1 枚のカーテンに対し，きれ地の $\frac{2}{3}$ 幅のはぎれを使用した。

3. 引分け式遮光用カーテンは，中央召合せを 300 mm とし，下端は窓枠より 500 mm 長く仕上げた。

4. レースカーテンの上端の縁加工は，カーテン心地を入れないで袋縫いとした。

解答・解説

ひだの種類ときれ地の取付け幅に対する倍数

フランスひだ（3つひだ）	2.5倍以上
箱ひだ，つまひだ（2つひだ）	2.0倍以上
プレーンひだ，片ひだ	1.5倍以上

暗幕用（遮光用）カーテンの寸法

- 両端，上部，召合せの重なりは，特記がなければ300mm以上とする。

カーテンレール

- 吊り下げるレールの吊り位置は，間隔1m程度及び曲がり箇所とする。
- カーテンレールに取り付けるランナーの数は，1m当たり8個程度とする。

カーテンボックス

- 中レースカーテンのカーテンボックスは，窓幅に対して片側各々150mm程度長くする。
- カーテンレールがダブル付けのカーテンボックスの奥行き寸法は，150～180mm程度とする。

カーテンの縁加工

- 上端は，幅75mm程度のカーテン心地を入れて袋縫いとする。

問1 **答** 2　★正しくは，

　　カーテンレールがダブル付けのカーテンボックスの奥行き寸法は，150～180mm程度とする。

問2 **答** 4　★正しくは，

　　レースカーテンの上端の縁加工は，カーテン心地を入れて袋縫いとする。

仕上
施工

64　断熱工事

問1
★★

建物内部の断熱工事における硬質ウレタンフォームの吹付けに関する記述として，**最も不適当なもの**はどれか。

1. ウレタンフォームが所定の厚さに達していないところは，補修吹きを行う。

2. コンクリート面は，吹付け前に十分水湿しを行ってから，速やかに吹付けを行う。

3. 吹付け面に付着している油脂分は，はく離の原因になるので，吹付け前に清掃しておく。

4. ウレタンフォームが厚く付き過ぎて支障となるところは，カッターナイフなどで表層を除去する。

問2
★★

建物内部の断熱工事における押出法ポリスチレンフォームの打込み工法に関する記述として，**最も不適当なもの**はどれか。

1. 断熱材の継目は，型枠の継目を避けて割り付ける。

2. 窓枠回りの防水剤入りモルタル詰めを行った部分には，現場発泡の硬質ウレタンフォームの充填などを行う。

3. 断熱材と躯体が密着しにくいので，内部結露が生じやすい。

4. コンクリートの漏れを防ぐため，断熱材の継目にテープ張りを行う。

解答・解説

硬質ウレタンフォームの吹付け工法

- コンクリート面を十分に乾燥させた状態で吹付けを行う。
- 吹付け面に付着している油脂分等は，吹付け前に清掃しておく。
- 吹付け面の温度が 5 ℃以上で施工する（最適温度は 20 〜 30 ℃）。
- 総厚さが 30 mm 以上の場合は多層吹きとし，各層の厚さは各々 30 mm 以下とする。
- 1 日の総吹付け厚さは，80 mm を超えないものとする。
- ウレタンフォームが厚く付き過ぎて支障となる箇所は，カッターナイフ等で表層を除去する。
- ウレタンフォームが所定の厚さに達していないところは，補修吹きを行う。

コンクリート

ウレタンフォーム

押出法ポリスチレンフォームの打込み工法

- 断熱材の継目は，型枠の継目を避けて割り付ける。
- コンクリートの漏れを防ぐため，断熱材の継目にテープ張りを行う。
- 窓枠回りの防水剤入りモルタル詰めを行った部分には，現場発泡の硬質ウレタンフォームの充填などを行う。
- 断熱材と躯体が密着しているので，内部結露やはがれが生じにくい。

問1 答 2 ★正しくは，

　コンクリート面は，吹付け前に十分乾燥させてから，吹付けを行う。

問2 答 3 ★正しくは，

　断熱材と躯体が密着しているので，内部結露が生じにくい。

仕上
施工

65　外壁パネル工事

問1
★★★

外壁の押出成形セメント板張りに関する記述として，最も不適当なものはどれか。

1. 縦張り工法のパネル上部の取付け金物（Zクリップ）は，回転防止のため，下地鋼材に溶接した。

2. 縦張り工法で施工する際に，パネル下部に取付け金物（L型金物）をセットし，パネル側はタッピンねじ，床面側はアンカーボルトで固定した。

3. 横張り工法において，パネル積上げ枚数2～3枚ごとに自重受け金物を取り付けた。

4. 横張り工法の目地幅は，縦目地よりも横目地の方を大きくした。

問2
★★

外壁の押出成形セメント板張りに関する記述として，最も不適当なものはどれか。

1. パネルの取付け金物（Zクリップ）は，取付けボルトがルーズホールの中心に位置するように取り付けた。

2. 幅600mmのパネルに設ける欠込み幅は，300mm以下とした。

3. 工事現場でのパネルへの取付けボルトの孔あけは，振動ドリルを用いて行った。

4. パネルは，表裏を小口表示で確認し，通りよく建て込んだ。

縦張り工法

- パネルは，各段ごとに構造体に固定された下地鋼材で受ける。
- 取付け金物（Zクリップ）は，パネルの上下端部に，ロッキングできるように取り付ける。
- パネル上部の取付け金物（Zクリップ）は，回転防止のため，下地鋼材に溶接する。

横張り工法

- パネルは，パネル3段以下ごとに下地鋼材に固定された自重受け金物で受ける。
- 取付け金物（Zクリップ）は，パネルの左右端部に，スライドできるように取り付ける。
- 目地幅は，横目地よりも縦目地の方を大きくする。

Zクリップの取付け等

- 取付け金物（Zクリップ）は，下地鋼材に30mm以上の掛り代を確保し，取付けボルトがZクリップのルーズホール中心に位置するように取り付ける。
- パネルへの取付けボルトの孔あけは，回転ドリルを用いて行う。

パネルの孔あけ・欠込みの限度

短辺	パネル幅の $\frac{1}{2}$ 以下，かつ，300mm以下
長辺	500mm以下

問1 答4 ★正しくは，

横張り工法の目地幅は，横目地よりも縦目地の方を大きくする。

問2 答3 ★正しくは，

パネルへの取付けボルトの孔あけは，回転ドリルを用いて行う。

仕上
施工

65　外壁パネル工事

問3
★★★

ALCパネル工事に関する記述として，**最も不適当な**ものはどれか。

1. 外壁パネルの屋外に面する部分は，防水効果のある仕上げを施す。
2. 外壁パネルに設ける設備配管用貫通孔の径は，パネル幅の $\frac{1}{6}$ 以下とする。
3. 外壁パネルと間仕切りパネルの取合い部は，パネルどうしに隙間が生じないように突付けとする。
4. パネルの加工などにより露出した鉄筋は，モルタルで保護される場合を除き防錆処理を行う。

問4
★★

ALCパネル工事に関する記述として，**最も不適当な**ものはどれか。

1. 縦壁ロッキング構法では，パネル重量を，パネル下部の両端に位置する自重受け金物により支持する。
2. 横壁アンカー構法では，パネル積上げ段数5段以下ごとに受け金物を設ける。
3. 縦壁フットプレート構法では，パネル上部が面内方向に可動するように取り付ける。
4. 縦壁ロッキング構法では，パネル間の目地シーリングは，隣接するパネル相互の挙動に追従できる2面接着とする。

解答・解説

外壁パネル構法

- 縦壁ロッキング構法では，パネル重量を，パネル下部の中央に位置する自重受け金物により支持する。
- 横壁アンカー構法では，パネル積上げ段数5段以下ごとに受け金物を設ける。
- パネルとコンクリートスラブの間は，パネル裏面に絶縁材を設けてモルタルを充填する。
- パネル短辺相互の接合部，出隅部，入隅部及び他の部材との取合い部には，伸縮目地を設ける。
- パネル間の目地シーリングは，隣接するパネル相互の挙動に追従できる2面接着とする。
- 外壁パネルに設ける設備配管用貫通孔の径は，パネル幅の$\dfrac{1}{6}$を超えないものとする。

間仕切壁の施工

- 縦壁フットプレート構法では，パネル上部が面内方向に可動するように取り付ける。
- 縦壁フットプレート構法では，パネルの上部は間仕切チャンネルへの掛り代を確保して取り付ける。
- 出入口などの開口部回りには，パネルを支持するための開口補強鋼材等を取り付ける。

問3 答3 ★正しくは，

　外壁パネルと間仕切りパネルの取合い部には，伸縮目地を設ける。

問4 答1 ★正しくは，

　縦壁ロッキング構法では，パネル重量を，パネル下部の中央に位置する自重受け金物により支持する。

仕上施工	**66　仕上改修工事**

問1 ★★★	内装改修工事における既存床仕上げ材の除去に関する記述として，最も不適当なものはどれか。 ただし，除去する資材は，アスベストを含まないものとする。

1. モルタル下地の磁器質床タイルの張替え部は，はつりのみを用いて手作業で存置部分と縁切りをした。

2. 根太張り工法の単層フローリングボードは，丸のこを用いて適切な寸法に切断し，根太下地を損傷しないよう除去した。

3. モルタル下地面に残ったビニル床タイルの接着剤は，ディスクサンダーを用いて除去した。

4. コンクリート下地の合成樹脂塗床材は，ブラスト機械を用いてコンクリート表面とともに削り取った。

問2 ★★	外部仕上げ等の劣化とその改修工法の組合せとして，最も不適当なものはどれか。

1. モルタルの浮き ——————— アンカーピンニング部分エポキシ樹脂注入工法

2. コンクリート打放し面のひび割れ —— 自動式低圧エポキシ樹脂注入工法

3. タイルの浮き ——————— Uカットシール材充填工法

4. シーリングの劣化 ———— ブリッジ工法

解答・解説

各種床材の除去・撤去

ビニル床シート等
- カッター等で切断し，スクレーパー等により他の仕上げ材に損傷を与えないように行う。
- 接着剤等は，ディスクサンダー等により除去する。

合成樹脂塗床材
- ブラスト機械等により，モルタル下地，コンクリート表面とともに削り取る。

フローリング張り床材
- 乾式工法によるフローリングは，丸のこ等で適切な寸法に切断し，ケレン棒等ではがし取る。
- モルタル埋込み工法によるフローリングは，電動はつり器具・のみ等により，フローリングとモルタル部分をはつり取り，切片等を除去する。

床タイル
- 張替え部をダイヤモンドカッター等で縁切りをし，タイル片を電動はつり器具等により撤去する。

外部仕上げの主な劣化と改修工法

ひび割れ	• 樹脂注入工法　• シール工法 • U カットシール材充填工法
浮き	• アンカーピンニングエポキシ樹脂注入工法
シーリングの劣化	• シーリング充填工法　• ブリッジ工法

問1 答1　★正しくは，

　磁器質床タイルの張替え部は，ダイヤモンドカッター等で存置部分と縁切りをする。

問2 答3　★正しくは，

　タイルの浮きの改修は，アンカーピンニングエポキシ樹脂注入工法により行う。

本書で使用している単位記号

単 位	読 み	意 味
℃	度	セルシウス温度
cd	カンデラ	光度
cd/m^2	カンデラ毎平方メートル	輝度
dB	デシベル	音圧，騒音・振動の大きさ
K	ケルビン	色温度（熱力学温度）
Kg t	キログラム トン	質量
kg/m^2	キログラム毎平方メートル	単位面積質量
kg/m^3 t/m^3	キログラム毎立方メートル トン毎立方メートル	単位容積質量
kN	キロニュートン	力の大きさ
kN/m	キロニュートン毎メートル	1 m 当たりの力の大きさ
kN·m	キロニュートンメートル	力のモーメント
kW	キロワット	電力
lm	ルーメン	光束
lx	ルクス	照度
m/s	メートル毎秒	速さ
m^2	平方メートル	面積
m^3	立方メートル	体積
m^3/h	立方メートル毎時	換気量（体積流量）
mm cm m	ミリメートル センチメートル メートル	長さ
N/mm^2 N/m^2	ニュートン毎平方ミリメートル ニュートン毎平方メートル	単位面積当たりの力の大きさ

2級 建築施工管理技術検定

第一次検定　第2章

施工管理法

施工
計画

1　事前調査

問 1
★★★

事前調査や準備作業に関する記述として，**最も不適当なもの**はどれか。

1.　敷地境界標石があったが，関係者立会いの上，敷地境界の確認のための測量を行うこととした。
2.　防護棚を設置するため，敷地地盤の高低及び地中埋設配管の状況を調査することとした。
3.　既存の地下埋設物を記載した図面があったが，位置や規模の確認のための掘削調査を行うこととした。
4.　工事用車両の敷地までの経路において，幼稚園や学校の場所を調査し，資材輸送の制限の有無を確認することとした。

問 2
★★

施工計画と事前調査の組合せとして，**最も関係の少ないもの**はどれか。

1.　解体工事計画 ─────── 近隣の商店や工場の業種の調査
2.　鉄骨の建方計画 ────── 近隣の商店や工場の業種の調査
3.　根切り工事計画 ────── 前面道路や周辺地盤の高低の現状調査
4.　場所打ちコンクリート ── 敷地内の地中障害物の有無の調査
　　杭工事の計画

200

現場条件の確認

敷地境界の確認

- 敷地境界標を確認し，不明確な点があれば，関係者の立会いを受けて測量を行う。

既存構造物・地下埋設物の確認

- 設計図書により確認し，関係機関の協力を得て，当該地下埋設物の位置や規模の確認のため，掘削調査を行う。

現状調査

- 杭打ち工事・根切り工事等，近隣に影響を与えるおそれのある工事を行う場合，振動によるひび割れ，はく落，沈下等に備え，現状を記録する。

騒音・振動の影響調査

- 近隣に学校，病院等，振動，騒音を嫌う施設等がないか調査する。

電波障害調査

- タワークレーン等の大型建設機械を設置する場合は，現場周辺への影響を確認する。

排水経路・配水管の流末処理の確認

- 配水管の勾配が，排水本管，公設桝，水路等まで確保できるか確認する。

敷地周辺の状況の確認

- 敷地周辺の交通量，交通規制（特に通学路），架設配線等を考慮し，建設機械や資材等の搬出入口の位置が適切かを確認する。道路を占用，使用して工事を実施する場合は，事前に道路管理者，警察署長に届け出る。

ベンチマークの確認

- 建築物の高低，位置の基準として 2 箇所以上に設け，相互にチェックできるようにする。移動のないように周囲を養生する。

問1 答 2 ★正しくは，

防護棚を設置するため，地中埋設配管の状況を調査する必要はない。

問2 答 2 ★正しくは，

鉄骨の建方計画では，周辺道路の交通規制や架空電線について調査する。

施工
計画

2　届　出

問1
★★

建築工事に係る提出書類とその提出先に関する記述として，**最も不適当なもの**はどれか。

1. 掘削深さが 10 m 以上である地山の掘削を行うため，建設工事計画届を労働基準監督署長に提出した。
2. 吊り上げ荷重が 3 t のクレーンを設置するため，クレーン設置届を労働基準監督署長に提出した。
3. 現場で常時 15 人の労働者が従事するため，特定元方事業者の事業開始報告を知事に提出した。
4. 延べ面積が 20 m^2 の建築物を建築するため，建築工事届を知事に届け出た。

問2
★★★

建築工事に係る提出書類とその提出先に関する記述として，**最も不適当なもの**はどれか。

1. 積載荷重が 1 t の仮設の人荷用エレベーターを設置するため，エレベーター設置届を労働基準監督署長に提出した。
2. 常時 10 人の労働者が従事する事業で附属寄宿舎を設置するため，寄宿舎設置届を労働基準監督署長に提出した。
3. 耐火建築物に吹き付けられた石綿等の除去作業を行うため，建設工事計画届を労働基準監督署長に届け出た。
4. 歩道に工事用仮囲いを設置するため，道路占用の許可を警察署長に申請した。

各種届出・申請等と提出先

届出・申請等	提出先
建築工事届（延べ床面積 10 m^2 超）	都道府県知事
建築物除却届（延べ床面積 10 m^2 超）	
特定建設資材対象建設工事届	
道路使用許可申請	警察署長
道路占用許可申請	道路管理者
特定建設作業実施届	市町村長
建設工事計画届	厚生労働大臣または労働基準監督署長
特定元方事業者の事業開始報告 （常時使用労働者数 10 人以上）	労働基準監督署長
型枠支保工設置届（支柱の高さ 3.5 m 以上）	
架設通路設置届（高さ・長さ 10 m 以上）	
足場設置届（つり足場，張出し足場以外は高さ 10 m 以上）	
附属寄宿舎設置届 （常時使用労働者数 10 人以上）	
クレーン設置届（吊り上げ荷重 3 t 以上）	
エレベーター設置届（積載荷重 1 t 以上）	
ゴンドラ設置届	

問 1 答 3　★正しくは，

　現場で常時 10 人以上の労働者が従事する場合の，特定元方事業者の事業開始報告は，労働基準監督署長に対して行う。

問 2 答 4　★正しくは，

　歩道に工事用仮囲いを設置するための道路占用の許可は，道路管理者に申請する。

施工
計画

3　仮設計画

問1
★★
仮設計画に関する記述として，**最も不適当なものはど**れか。

1. 仮囲いを設けなければならないので，その高さは周辺の地盤面から 1.8 m とすることとした。

2. 工事現場の敷地周囲の仮囲いに設置する通用口には，内開き扉を設けることとした。

3. 所定の高さを有し，かつ，危害を十分防止し得る既存の塀を，仮囲いとして使用することとした。

4. 鋼板製仮囲いの下端には，雨水が流れ出やすいように隙間を設けることとした。

問2
★★
仮設計画に関する記述として，**最も不適当なものはど**れか。

1. ハンガー式門扉は，重量と風圧を軽減するため，上部を網状の構造とすることとした。

2. 工事用の出入口の幅は，前面道路の幅員を考慮して計画することとした。

3. 工事用ゲートを複数設置するため，守衛所をメインのゲート脇に設置し，その他は警備員だけを配置することとした。

4. 工事ゲートの有効高さは，鉄筋コンクリート造の工事のため，最大積載時の生コン車の高さとすることとした。

仮囲い

- 仮囲いを設ける場合は，高さを地盤面から 1.8 m 以上とする。
- 所定の高さを有し，かつ，危害を十分防止し得る既存の塀等は，仮囲いとして使用することができる。
- 仮囲いは，倒壊や，一部が外れて飛散したりするおそれのない堅固な構造とする。
- 仮囲いの出入り口は，施錠できる構造とし，必要のない限り閉鎖しておく。
- 出入口の開閉による車両等の出入りには，交通誘導員を配置するなどして，一般車両・通行人等の通行に支障のないようにする。
- 通用口の扉は，内開きとする。
- 仮囲いの下端のすき間は，幅木を取り付けたり，土台コンクリートを打つなどしてふさぐ。
- 鉄筋コンクリート造の工事の工事ゲートの有効高さは，空荷時の生コン車の高さとする。
- ハンガー式門扉は，重量と風圧を軽減するため，上部を網状の構造とする。

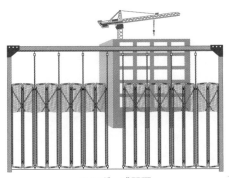

ハンガー式門扉

問1 答 4 ★正しくは，

　鋼板製仮囲いの下端のすき間は，幅木を取り付けたり，土台コンクリートを打つなどしてふさぐ。

問2 答 4 ★正しくは，

　鉄筋コンクリート造の工事の工事ゲートの有効高さは，空荷時の生コン車の高さとする。

施工計画	**3　仮設計画**

問3 ★★★	仮設計画に関する記述として，**最も不適当なもの**はどれか。

1. 施工者用事務所と監理者用事務所は，機能が異なるため，それぞれ分けて設けた。
2. 下小屋は，材料置場の近くに設置し，電力及び水道等の設備を設けることとした。
3. 酸素やアセチレンなどのボンベ類の貯蔵小屋は，ガスが外部に漏れないよう，密閉構造とすることとした。
4. 作業員詰所は，職種数や作業員の増減に対応するため，大部屋方式とすることとした。

問4 ★★	仮設計画に関する記述として，**最も不適当なもの**はどれか。

1. 仮囲いには，合板パネルなどの木製材料を使用することとした。
2. 敷地に余裕がなく工事用の事務所を工事現場から離れて設置するので，工事現場内に出先連絡所を設けることとした。
3. 作業員詰所は，できるだけ工事用の事務所の近くで，連絡や管理がしやすい位置に設けた。
4. 塗料や溶剤等の保管場所は，管理をしやすくするため，資材倉庫の一画を不燃材料で間仕切り設置することとした。

仮設物

現場事務所
- 施工者用事務所と監理者用事務所は，機能が異なるため，それぞれ分けて設ける。
- 敷地に余裕がなく工事用の事務所を工事現場から離れて設置する場合は，工事現場内に出先連絡所を設ける。

作業員詰所等
- 作業員詰所は，大部屋方式とすることができる。
- 休憩所内は，受動喫煙を防止するため喫煙場所を区画し，換気設備と消火器を設ける。

材料置場
- 砂・砂利置場は，床を周囲地盤より高くしたり，水勾配を付けたりする。
- 鉄筋・鉄骨置場は，受材を置き，泥土がつかないようにする。
- セメントや石灰などの吸湿性の高いものは，できるだけ空気に触れさせないようにし，屋根付きの置場に保管する。

下小屋
- 下小屋は，材料置場の近くに設置し，電力及び水道等の設備を設ける。

危険物貯蔵所
- 塗料，油類，火薬等の危険物の貯蔵所は，仮設建築物，隣地の建築物，材料置場，資材倉庫等から離れた場所に設ける。
- 不燃材料を用いて囲い，周囲に空地を設ける。
- 各出入り口には錠をかけ，「火気厳禁」の表示を行い，消火器を置く。
- ボンベ類置場は，1面は開放とし，他の3面は上部に開口部を設ける。

問3 答3 ★正しくは，

酸素やアセチレンなどのボンベ類の貯蔵小屋は，1面を開放とし，他の3面は上部に開口部を設ける。

問4 答4 ★正しくは，

塗料や溶剤等の危険物の保管場所は，資材倉庫等から離れた場所に設ける。

施工
計画

4　材料の保管

問1
★★★

工事現場における材料の保管に関する記述として，最も不適当なものはどれか。

1. 型枠用合板は，直射日光が当たらないよう，シートを掛けて保管する。
2. 砂は，周辺地盤より高い場所に，置場を設置して保管する。
3. ロール状に巻いたカーペットは，屋内の乾燥した場所に，縦置きにして保管する。
4. ロール状に巻かれた壁紙は，変形が生じないよう立てて保管する。

問2
★★★

工事現場における材料の保管に関する記述として，最も不適当なものはどれか。

1. アルミニウム製建具は，平積みを避け，縦置きにして保管する。
2. 鉄筋は，直接地面に接しないように角材等の上に置き，シートをかけて保管する。
3. 防水用の袋入りアスファルトは，積重ねを10段までとして保管する。
4. 袋詰めセメントは，風通しのよい屋内の倉庫に保管する。

各種材料の保管方法

型枠用合板	直射日光にさらされないよう，シート等を用いて保護する。
鉄筋	直接地面に接しないよう，角材等により地面から 10 cm 以上離して保管する。
骨材（砂，砂利）	保管場所は，周辺地盤より高いコンクリートの土間とし，水勾配を設ける。
高力ボルト	種類，径，長さ，ロット番号ごとに区分し，乾燥した場所に保管する。箱の積上げ高さは，3 ～ 5 段程度とする。
コンクリートブロック	乾燥した場所に縦積みで保管し，床板上に仮置きする場合は，1 箇所に集中しないようにする。
アスファルト	袋入りアスファルトは，10 段を超えて積まないようにする。
シーリング材	高温多湿や凍結温度以下にならない，かつ，直射日光や雨露の当たらない場所に密封して保管する。
袋詰めセメント	風に当たらないよう，シート等で養生する。
アルミニウム製建具	平積みを避け，縦置きする。
ガラス	クッション材を挟み，縦置きする。
ロールカーペット	縦置きせず，必ず横に倒して俵積みとする。
壁紙	巻いた壁紙は，立てて置く。

問1 **答** 3 ★正しくは，

　ロール状に巻いたカーペットは，屋内の乾燥した場所に，必ず横に倒して俵積みとする。

問2 **答** 4 ★正しくは，

　袋詰めセメントは，上げ床のある倉庫等に乾燥状態で保管し，風に当たらないように養生する。

工程 管理	**5　工程計画及び工程管理**

問 1
★★★
工程計画及び工程管理に関する記述 として，**最も不適当なものはどれか。**

1. 工事に必要な実働日数に作業休止日を考慮した日数を，暦日という。

2. 工程計画を立てるに当たっては，その地域の雨天日や強風日等を推定して作業不能日を設定する。

3. 各作業の所要期間は，作業の施工数量に投入数量と1日当たりの施工能力を乗じて求める。

4. 作業ごとに1日当たりの作業量が，それぞれ均等になるように調整する。

問 2
★★★
工程計画及び工程管理に関する記述 として，**最も不適当なものはどれか。**

1. 各工事の施工速度は，工期，品質，経済性，安全性等を考慮して設定する。

2. 工事を行う地域の労務や資材の調達状況，天候や行事，隣接建造物の状況などを考慮する。

3. 作業員や資機材等の投入量が一定量を超えないように工程を調整することを，山崩しという。

4. 山積工程表における山崩しは，工期短縮のために用いられる。

工程管理に関する用語

損益分岐点	工事総原価と施工出来高とが等しい点。
採算速度	損益分岐点以上の施工出来高をあげるときの施工速度。
最適工期	総工事費が最小となる，最も経済的な工期。
山崩し	作業員や資機材等の投入量が一定量を超えないように工程を調整（平準化）すること。
暦日	工事に必要な実働日数に作業休止日を考慮した日数。

工程計画作成の手順

① 工種分類に基づき，工事項目（部分工事）について施工手順を決める。

② 各工種別工事項目の適切な施工期間を決める。

③ 全工事が工期内に終了するように，工種別工程の相互調整を行う。

④ 全工期を通じて，労務・資材・機械の必要数を均し，過度の集中や待ち時間が発生しないように工程を調整する。

⑤ 上記の結果をもとに，全体の工程表を作成する。

所要期間の求め方

$$各作業の所要期間 = \frac{作業の施工数量}{投入数量 \times 1日当たりの施工能力}$$

問1 答3 ★正しくは，

　各作業の所要期間は，作業の施工数量を，投入数量×1日当たりの施工能力で除して求める。なお，「乗じて」はかけ算，「除して」はわり算。

問2 答4 ★正しくは，

　山積工程表における山崩しは，人員，機械，資材等の所要量を平準化させるために用いられる。工期短縮のために用いられるのではない。

工程
管理

5　工程計画及び工程管理

問3
★★★

総合工程表の立案段階における考慮すべき事項として，最も必要性の少ないものはどれか。

1. 使用可能な前面道路の幅員及び交通規制の状況
2. 各専門工事の検査項目と重点管理事項
3. 敷地周辺の電柱，架線，信号機，各種表示板等の公共設置物の状況
4. 使用揚重機の能力と台数

問4
★★★

総合工程表の立案段階で計画すべきこととして，最も不適当なものはどれか。

1. 総合工程表の立案に当たっては，最初に全ての工種別の施工組織体系を把握して計画する。
2. マイルストーン（管理日）は，工程上，重要な区切りとなる時点などに計画する。
3. 工区分割を行い，後続作業を並行して始めることにより，工期短縮が可能か検討する。
4. 上下階で輻輳する作業では，資材運搬，機器移動などの動線が錯綜しないように計画する。

解答・解説

総合工程表の立案

立案段階において考慮すべき事項
- 敷地周辺の電柱，架線，信号機，各種表示板等の公共設置物の状況
- 敷地周辺の上下水道，ガス等の公共埋設物
- 使用可能な前面道路の幅員及び交通規制の状況
- 地域による労務，資材，機材等の調達状況
- 近隣協定に基づく作業可能日と作業開始時刻・作業終了時刻
- 使用揚重機の能力と台数

  注意 ● 各専門工事の検査項目や工種別の施工組織体系は，総合工程表に含まない。

主な計画・検討内容
- 工事を行う地域における労務・資材・機材等の調達状況を調査して，手配を計画する。
- マイルストーン（管理日）は，工程上，重要な区切りとなる時点などに計画する。
- 工区分割を行い，後続作業を並行して始めることにより，工期短縮が可能か検討する。
- 上下階で輻輳する作業では，資材運搬・機器移動などの動線が錯綜しないように計画する。
- 型枠工事の工程計画では，型枠存置期間を考慮して，せき板や支保工の転用を検討する。
- 鉄骨工事の工程計画では，建方時期に合わせた材料調達・工場製作期間を計画する。

問3 **答** 2 ★正しくは，

各専門工事の検査項目と重点管理事項は，工種別施工計画において検討する。

問4 **答** 1 ★正しくは，

工種別の施工組織体系は，総合工程表の立案に当たって最初に把握しておく必要はない。

工程
管理

6　バーチャート工程表

問1
★★★
バーチャート工程表に関する記述として，**最も不適**当なものはどれか。

1. 各作業の全体工期への影響度が把握しにくい。
2. 各作業の開始時期，終了時期及び所要期間を把握しやすい。
3. 工程上のキーポイント，重点管理しなければならない作業が判断しにくい。
4. 工事を構成する各作業を縦軸に記載し，工事の達成度を横軸にして表す。

問2
★★★
バーチャート工程表に関する記述として，**最も不適**当なものはどれか。

1. 各作業の順序関係を，明確に把握することができる。
2. 手軽に作成することができ，視覚的に工程が把握しやすい。
3. 出来高の累計を重ねて表現したものは，工事出来高の進捗状況が把握しやすい。
4. 各作業ごとの日程及び工事全体の工程計画が，比較的容易に作成できる。

解答・解説

バーチャート工程表の特徴

- 縦軸に各作業名を，横軸に各工事日数を示し，各作業の着手日と終了日の間を横線で表したものである。

利点
- 作業の流れ，各作業の所要日数や施工日程が把握しやすい。
- 各作業の開始時期や終了時期が把握しやすい。
- 手軽に作成することができ，視覚的に工程が把握しやすい。
- 各作業の日程及び工事全体の工程計画が，比較的容易に作成できる。

欠点
- 各作業の順序関係を明確に把握しにくい。
- 各作業の全体工期への影響度が把握しにくい。
- 工程上のキーポイント，重点管理しなければならない作業，クリティカルパスが把握しにくい。
- 多くの種類の関連工事間の工程調整には適さない。

工夫
- 縦軸に記載する作業は，職種や工種ごとにまとまるように配置し，関連する作業を把握しやすくする。
- 主要な工事の節目をマイルストーンとして工程表に付加すると，工程の進捗状況が把握しやすくなる。
- 出来高の累計を重ねて表現すれば，工事出来高の進ちょく状況を併せて把握しやすくなる。

問1 **答** 4 ★正しくは，

工事を構成する各作業を縦軸に記載し，各工事日数を横軸にして表す。

問2 **答** 1 ★正しくは，

バーチャート工程表では，各作業の順序関係を，明確に把握することが難しい。

7　品質管理

問1
★★

品質管理の用語に関する記述として，最も不適当なものはどれか。

1. 特性要因図は，結果の特性と，それに影響を及ぼしている要因との関係を魚の骨のような図に体系的にまとめたものである。
2. 5Sは，職場の管理の前提となる整理，整頓，清掃，清潔，躾について，日本語ローマ字表記で頭文字をとったものである。
3. 見える化は，問題，課題，対象等を，いろいろな手段を使って明確にし，関係者全員が認識できる状態にすることである。
4. QCDSは，計画，実施，点検，処置のサイクルを確実，かつ，継続的に回してプロセスのレベルアップをはかる考え方である。

問2
★★★

次の用語のうち，品質管理に最も関係の少ないものはどれか。

1. QA表
2. SMW
3. ばらつき
4. ロット

解答・解説

品質管理に関する用語

PDCA サイクル	Plan, Do, Check, Act の略称。計画, 実施, 結果の確認, 修正処置のサイクル。
QC 工程表	品質管理（Quality Control）をしやすくするために表にまとめたもの。施工品質管理表ともいう。
QA 表	品質保証（Quality Assurance）のため, 要求される品質を表にまとめたもの。
ISO 9000ファミリー	ISO（国際標準化機構）が制定した国際規格に基づく品質マネジメントシステム。
パレート図	項目別に層別して, 棒グラフを出現頻度の大きさ順に並べるとともに, 累積和を示した図。
特性要因図	結果の特性と, それに影響を及ぼしていると思われる要因との関係を整理して, 魚の骨のような図に体系的にまとめたもの。
ヒストグラム	測定値の存在する範囲をいくつかの区間に分けた場合, 各区間を底辺とし, その区間に属する測定値の度数に比例する面積をもつ長方形を並べた図。
母集団	検討の対象となるアイテムの全体。
サンプリング	統計的な判断を行うために母集団からサンプルをいくつか抜き取ること。

問1 答 4 ★正しくは,

4 は, PDCA についての記述である。QCDS は, Quality, Cost, Delivery, Service の略称で, 製品評価の指標のひとつである。

問2 答 2 ★補足すると,

SMW は, 土（Soil）とセメントスラリーを原位置で混合, 攪拌（かくはん）（Mixing）し, 地中に造成する壁体（Wall）の略称である。

| 品質 | **7　品質管理** |
| 管理 | |

品質
管理

| 問 3 | 次の用語のうち，品質管理に**最も関係の少ないもの**は |
| ★★★ | どれか。 |

1. マニフェスト
2. トレーサビリティ
3. ISO 9000 ファミリー
4. PDCA

| 問 4 | 鉄骨工事における溶接部の欠陥を表す用語として，**最** |
| ★★ | **も不適当なもの**はどれか。 |

1. パス
2. ブローホール
3. アンダーカット
4. ピット

解答・解説

ISO 9000 で規定されている用語

アウトプット	プロセスの結果。
トレーサビリティ	対象の履歴，適用，所在を追跡できること。
パフォーマンス	測定可能な結果。
品質マニュアル	組織の品質マネジメントシステムについての仕様書。
プロセス	インプットを使用して意図した結果を生み出す，相互に関連する，または相互に作用する一連の活動。
リスク	不確かさの影響。
レビュー	設定された目標を達成するための対象の適切性，妥当性，有効性の確定。

鉄骨工事における溶接部の欠陥を表す用語

アンダーカット	溶接部外面に生じる欠損。	
オーバーラップ	溶接金属が母材に融合せずにかぶさったもの。	
ピット	溶接ビード表面に生じた小さい孔。	
ブローホール	溶着金属の中に発生した気孔。	

問3 答1 ★補足すると，

マニフェストとは，産業廃棄物管理票のことである。

問4 答1 ★補足すると，

パスとは，溶接継手に沿って行う1回の溶接操作のことである。

品質 管理	**7　品質管理**

問5
★★★

品質管理に関する記述として，**最も不適当なものはど**れか。

1. 品質管理とは，品質計画に従って試験又は検査を行うことをいう。
2. 施工品質管理表（QC工程表）には，検査の時期，方法，頻度を明示する。
3. 重点管理項目や管理目標は，現場管理方針として文書化し，現場全体に周知する。
4. PDCAサイクルを繰り返すことにより，品質の向上が図れる。

問6
★★★

品質管理に関する記述として，**最も不適当なものはど**れか。

1. 試験とは，性質又は状態を調べ，判定基準と比較して良否の判断を下すことである。
2. 工程内検査は，工程の途中で次の工程に移してもよいかどうかを判定するために行う。
3. 品質管理を組織的に行うために，品質管理活動に必要な業務分担，責任及び権限を明確にする。
4. 試験・検査の結果が管理値を外れた場合には，適切な処置を施し，再発防止の措置をとる。

品質管理の概要

> **品質管理**
> - 品質管理とは，工事中に問題点や改善方法などを見出しながら，合理的，かつ，経済的に施工を行うことである。
> - 品質管理では，工程（プロセス）を重視し，目標とした品質を確保する。
> - 品質管理では，後工程より前工程に管理の重点をおく方が効果的である。
>
> **品質計画**
> - 品質計画には，目標とする品質，品質管理の実施方法，管理の体制等を具体的に記載する。
> - 品質計画に基づく施工の試験または検査の結果は，次の計画や設計に生かす。
>
> **工程内検査**
> - 工程内検査は，作業工程の途中で，ある工程から次の工程に移ってもよいかどうかを判定するために行う。
> - 検査とは，性質または状態を調べた結果と判定基準を比較して，良否の判断を下すことである。
> - 施工の検査に伴う試験は，試験によらなければ品質及び性能を証明できない場合に行う。
> - 試験及び検査の結果が管理値を外れた場合には，適切な処置を施し，再発防止の措置をとる。

問5 答 1 ★正しくは，

品質管理とは，工事中に問題点や改善方法などを見出しながら，合理的，かつ，経済的に施工を行うことである。

問6 答 1 ★正しくは，

1 は，検査についての記述である。

品質
管理

7　品質管理

問 7
★★

品質管理に関する記述として，**最も不適当なもの**はどれか。

1.　品質管理では，前工程より後工程に管理の重点をおく方が効果的である。

2.　品質管理は，工程（プロセス）を重視し，目標とした品質を確保することである。

3.　施工の検査等に伴う試験は，試験によらなければ品質及び性能を証明できない場合に行う。

4.　品質計画には，目標とする品質，品質管理の実施方法，管理の体制等を具体的に記載する。

問 8
★★★

品質管理に関する記述として，**最も不適当なもの**はどれか。

1.　施工に伴い欠陥が生じた場合，その原因を調べ，適切な処置を講ずる。

2.　品質を確保するためには，手順の改善を行うより，検査を強化する方がより有効である。

3.　品質計画に基づく施工の試験又は検査の結果を，次の計画や設計に生かす。

4.　作業が施工要領書や作業標準どおりに正しく行われているか否か，チェックし評価する。

【参考】QC 工程表作成上の留意点

① 加工，組立て，検査，貯蔵等のプロセスをどのような流れで行うか，工程図記号を用いて明らかにする。

② プロセスの各段階で，だれが，どこで，どのような作業を行うか，また，どのような設備や資材を使うか，作業の詳細を検討し，標準に定める。

③ 検査項目，検査方法，検査時期，検査の頻度，結果の判定基準，検査担当者等を定める。

④ プロセスの各段階における管理項目，管理に使用する帳票，担当者，異常の場合の処置方法等を明らかにする。

⑤ プロセスの各段階がどのような品質特性に影響があるか，各段階における管理項目と品質特性との関連を，マトリックス図等を用いて明らかにする。

【参考】品質保証のための工程管理

標準化	標準化により，合理的な単純化または統一化が図られ，品質の確保，使いやすさの向上，互換性の確保，生産性の向上等が可能になる。
作業標準	プロセスに必要な一連の活動に関する基準や手順を定めたもので，人が入れ替わっても一定のやり方でプロセスが実行され，同じ結果が得られることを確実にする。

問7 答1 ★正しくは，

品質管理では，後工程より前工程に管理の重点をおく方が効果的である（参考→ p.221）。

問8 答2 ★正しくは，

品質を確保するためには，検査を強化するより，工程（手順）の改善を行う方がより有効である（参考→ p.221）。

| 品質管理 | **8　品質管理の試験・検査** |

| 問1 ★★★ | 品質管理のための試験に関する記述として，**最も不適当なもの**はどれか。 |

1. 地業工事において，支持地盤の地耐力の確認は，平板載荷試験によって行った。
2. 鉄骨工事において，高力ボルト接合の摩擦面の処理状況の確認は，すべり係数試験によって行った。
3. 鉄筋のガス圧接部の検査は，目視による外観検査を全数検査とし，超音波探傷試験を抜取り検査とした。
4. 既製コンクリート杭地業工事において，埋込み杭の根固め液の確認は，針入度試験によって行った。

| 問2 ★★ | 品質管理のための試験に関する記述として，**最も不適当なもの**はどれか。 |

1. フレッシュコンクリートのスランプの測定は，スランプゲージを用いて行った。
2. 鉄筋のガス圧接部のふくらみの直径の測定は，ダイヤルゲージを用いて行った。
3. 鉄骨工事において，隅肉溶接のサイズの測定は，溶接用ゲージを用いて行った。
4. コンクリートのスランプフロー試験は，スランプコーンを用いて行った。

解答・解説

躯体施工における試験・検査

地業工事	支持地盤の地耐力の確認 … 平板載荷試験
	埋込み杭の根固め液の確認 … サンプリングによる強度試験
	摩擦杭の周面摩擦力…標準貫入試験等
鉄筋工事	ガス圧接部の検査 … 外観検査／全数 超音波探傷試験・引張試験／抜取り
	ガス圧接部のふくらみの直径の測定 … デジタルノギスを用いる
鉄骨工事	高力ボルト接合の摩擦面処理状況の確認 … すべり係数試験
	隅肉溶接 … 浸透探傷試験，超音波探傷試験等
	隅肉溶接のサイズの測定 … 溶接用ゲージを用いる
コンクリート工事	フレッシュコンクリート管理 … 空気量試験，圧縮強度試験等
	スランプフロー試験 … スランプコーンを用いる
	スランプの測定 … スランプゲージを用いる

構造体コンクリート強度の推定試験

試料（サンプル）の採取	適当な間隔を置いた3台の運搬車から1個ずつ採取した3個を試料とする。
試験結果の表示	1回の試験結果は，3個の供試体の強度の平均値で表す。

問1 答4 ★正しくは，

既製コンクリート杭地業工事において，埋込み杭の根固め液の確認は，サンプリングによる強度試験により行う。

問2 答2 ★正しくは，

鉄筋のガス圧接部のふくらみの直径の測定は，デジタルノギスを用いて行う。

品質管理	# 8　品質管理の試験・検査

問3 ★★★	品質管理のための試験に関する記述として，最も不適当なものはどれか。

1. シーリング工事において，接着性の確認のため，簡易接着性試験を行った。
2. 内装工事に用いる木材の含水率の測定には，電気抵抗式水分計を用いた。
3. 断熱工事において，硬質ウレタンフォーム吹付け後の断熱材厚さの測定は，ダイヤルゲージを用いて行った。
4. 外壁タイル張り後のタイル接着力試験は，油圧式簡易引張試験器を用いて行った。

問4 ★★	品質管理のための材料等と試験・検査に関する組合せとして，最も関係の少ないものはどれか。

1. 地盤支持 ──────── 平板載荷試験
2. 鉄骨の高力ボルト接合 ──── 超音波探傷試験
3. 木材 ──────────── 含水率測定
4. モルタル ──────── アルカリ度検査

仕上施工における試験・検査

シーリング工事	接着性の確認 … 簡易接着性試験
タイル工事	外壁タイル張り後のタイル接着力試験 … 油圧式簡易引張試験器を用いる
塗装工事	工場塗装した鉄骨の塗膜厚の確認…電磁式膜厚計を用いる
	下地モルタル面のアルカリ度検査 … pH コンパレーターを用いる
内装工事	木材の含水率の測定 … 電気抵抗式水分計，高周波水分計を用いる
	吹付けロックウールによる耐火被覆材の厚さの確認 … 確認ピンを用いる
	室内空気中に含まれるホルムアルデヒドの濃度測定のための試料採取 … パッシブ型採取機器を用いる
断熱工事	硬質ウレタンフォーム吹付け後の断熱材厚さの測定 … ワイヤゲージを用いる

問3 答3 ★正しくは，

断熱工事において，硬質ウレタンフォーム吹付け後の断熱材厚さの測定は，ワイヤゲージを用いて行う。ダイヤルゲージは，機械部品等の品質管理に用いられる。

問4 答2 ★補足すると，

鉄骨の高力ボルト接合に関係する試験には，すべり係数試験がある（参考→ p.225）。超音波探傷試験は，鉄筋のガス圧接部の検査や鉄骨の隅肉溶接部の試験に用いられる。

品質 管理	**8　品質管理の試験・検査**

問5
★★

鉄筋のガス圧接継手部の試験方法として，**最も不適当**なものはどれか。

1. 外観試験

2. 圧縮試験

3. 超音波探傷試験

4. 引張試験

問6
★★★

トルシア形高力ボルトの1次締め後に行うマーキングに関する記述として，**最も不適当**なものはどれか。

1. マークのずれによって，ナットの回転量が確認できる。

2. マークのずれによって，本締めの完了が確認できる。

3. マークのずれによって，軸力の値が確認できる。

4. マークのずれによって，軸回りの有無を確認できる。

解答・解説

鉄筋のガス圧接継手部の試験

> 外観試験
> ・目視により，全圧接部（全数）に対して行う。
> ① 圧接部のふくらみの径は鉄筋径の 1.4 倍以上，ふくらみの長さは鉄筋径の 1.1 倍以上とし，ふくらみの形状はなだらかであること。
> ② 圧接部のふくらみにおける圧接面のずれは，鉄筋径の $\frac{1}{4}$ 以下とする。
> ③ 圧接面における鉄筋中心軸の偏心量は，鉄筋径の $\frac{1}{5}$ 以下とする。
> 抜取検査
> ① 超音波探傷試験
> ② 引張試験

トルシア形高力ボルトの締付け確認

> ・締付け完了後に，1 次締めの際につけたマークのずれ，ピンテールの破断等により，全数本締めの完了したことを確認する。
> マークのずれにより確認できる事項
> ・共回り，軸回りの有無
> ・ナットの回転量

溶接部の試験

> ・浸透探傷試験　・磁粉探傷検査　・超音波探傷試験
> ・放射線透過試験　・マクロ試験

問5 答2 ★正しくは，

　圧縮試験は，材料の耐圧性を測定する試験である。

問6 答3 ★正しくは，

　マークのずれによって，軸力の値は確認できない。なお，軸力の値は，軸力計で測定する。

| 品質 管理 | # 8　品質管理の試験・検査 |

問7 ★★
コンクリートの試験に関する記述として，**最も不適当** **なものはどれか。**

1. スランプの測定値は，スランプコーンを引き上げた後の，平板から コンクリート最頂部までの高さとした。

2. 1回の圧縮強度試験の供試体の個数は，3個とした。

3. 受入れ検査における圧縮強度試験は，3回の試験で1検査ロットを構成した。

4. スランプ試験は，コンクリートの打込み中に品質の変化が認められた場合にも行うこととした。

問8 ★★
レディーミクストコンクリートの工事現場での受入時の 検査として，一般に**行わないもの**はどれか。

1. スランプ試験

2. 骨材の粒度試験

3. 塩化物量試験

4. 空気量試験

解答・解説

レディーミクストコンクリート受入時の試験

スランプ試験	スランプコーンを引き上げた後の，コンクリート中央部の下がりを，0.5 cm 単位で測定する。
空気量試験	普通コンクリートの空気量の許容差は，±1.5 % とする。
圧縮強度試験	1 回の試験は，打込み工区ごと，打込み日ごと，かつ，150 m³ 以下の単位ごとに，3 個の供試体を用いて行う。 3 回の試験で 1 検査ロットを構成する。
塩化物量試験	海砂など塩化物を含むおそれのある骨材を用いる場合は，打込み当初及び 150 m³ に 1 回以上，その他の骨材を用いる場合は，1 日に 1 回以上行う。 コンクリート中に含まれる塩化物イオンの総量は，原則として 0.3 kg/m³ 以下とする。
アルカリ量試験	アルカリシリカ反応性による区分 B の骨材を用い，アルカリ骨材反応対策として，コンクリート中に含まれるアルカリ量の総量を 3.0 kg/m³ 以下とする対策を採用する場合に適用する。

- コンクリートの温度測定，スランプ試験，空気量試験は，圧縮強度試験供試体採取時，構造体コンクリートの強度試験供試体採取時，打込み中に品質変化が見られた場合に行う。

問 7 答 1 ★正しくは，

　スランプの測定値は，スランプコーンを引き上げた後の，コンクリート中央部の下がりの値とする。

問 8 答 2 ★補足すると，

　骨材の粒度試験は，レディーミクストコンクリートの工事現場での受入時には行わない。

231

安全
管理

9　安全管理

問 1
★★★

工事現場の安全管理に関する記述として，**最も不適当なものはどれか。**

1. 新規入場者教育とは，作業所の方針，安全施工サイクルの具体的な内容，作業手順などを教育する活動である。
2. 安全朝礼では，作業が始まる前に作業者を集め作業手順や心構え，注意点を周知する。
3. ゼロエミッションとは，作業に伴う危険性又は有害性に対し，作業グループが正しい行動を互いに確認し合う活動である。
4. 安全施工サイクル活動とは，施工の安全を図るため，毎日，毎週，毎月に行うことをパターン化し，継続的に取り組む活動である。

問 2
★★

事業者の講ずべき措置として，「労働安全衛生規則」上，**定められていないもの**はどれか。

1. 足場の組立て作業において，材料の欠点の有無を点検し，不良品を取り除くこと。
2. 労働者が有効に利用することができる休憩の設備を設けるように努めること。
3. 高さが 2 m 以上の箇所で作業を行うときは、当該作業を安全に行うため必要な照度を保持すること。
4. 多量の発汗を伴う作業場において，労働者のために，塩及び飲料水を備え付けること。

工事現場での安全衛生活動

安全施工サイクル活動	安全衛生管理を進めるため，毎日，毎週，毎月と一定のパターンで取り組む活動。
新規入場者教育	作業を開始する前に，作業所の方針，危険箇所，立入禁止区域・避難路及び安全施工サイクルの具体的内容，作業手順等について教育する。
安全朝礼	毎朝，作業が始まる前に作業者を集め，作業手順や心構え，注意点を周知する。
ツールボックス・ミーティング	職長，現場監督等を中心に，作業開始前の短時間で，当日の安全作業について話し合う活動。
OJT（オン・ザ・ジョブ・トレーニング）	特定の個人やグループについて，現場の作業の中で個別の指導を強化するもの。
危険予知活動	作業に伴う危険性または有害性に対し，作業グループが正しい行動を互いに確認し合う活動。

衛生基準に関する規定

事業者が必要な措置を講ずべきものとして定められている項目
・有害な作業環境　・廃棄物の焼却施設に係る作業　・保護具等　・気積及び換気　・採光及び照明　・温度及び湿度　・休養　・清潔　・食堂及び炊事場　・救急用具

問1　答 3　★正しくは，

3は，危険予知活動についての記述である。ゼロエミッションとは，作業所からの廃棄物をゼロにする活動である。

問2　答 1　★正しくは，

足場の組立て作業において，材料の欠点の有無を点検し，不良品を取り除くことは，足場の組立て等作業主任者の職務である。

安全
管理

9　安全管理

問3
★★

統括安全衛生責任者を選任すべき特定元方事業者が，労働災害を防止するために行わなければならない事項として，「労働安全衛生法」上，**誤っている**ものはどれか。

1. 作業間の連絡及び調整を行うこと。
2. 安全衛生責任者を選任すること。
3. 作業場所を巡視すること。
4. 協議組織の設置及び運営を行うこと。

問4
★★

労働災害の強度率に関する次の文章中，　　　　　に当てはまる数値として，**適当な**ものはどれか。

「強度率は，　　　　　延べ実労働時間当たりの労働損失日数で，災害の重さの程度を表す。」

1. 1千
2. 1万
3. 10万
4. 100万

解答・解説

安全衛生管理組織図

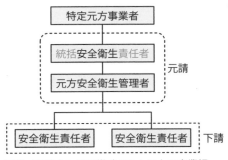

元請・下請合わせて常時 50 人以上の事業場

特定元方事業者等の講ずべき措置

① 協議組織の設置及び運営を行うこと。

② 作業間の連絡及び調整を行うこと。

③ 作業場所を巡視すること。

④ 関係請負人が行う労働者の安全または衛生のための教育に対する指導及び援助を行うこと。

労働災害の度数率及び強度率

$$度数率 = \frac{労働災害による死傷者数}{延べ実労働時間数} \times 1,000,000$$

$$強度率 = \frac{労働損失日数}{延べ実労働時間数} \times 1,000$$

問3 答2 ★正しくは,

安全衛生責任者を選任するのは, 特定元方事業者以外の請負人であり, 当該特定元方事業者に係る仕事を自ら行う者である。

問4 答1 ★補足すると,

強度率は, 1千延べ実労働時間当たりの労働損失日数で, 災害の重さの程度を表す。

9　安全管理

問 5
★★★
建築工事における危害又は迷惑と，それを防止するための対策の組合せとして，**最も不適当なもの**はどれか。

1. 高所作業による工具等の落下 ——— 水平安全ネットの設置
2. 解体工事による粉塵の飛散 ——— 散水設備の設置
3. 掘削による周辺地盤の崩壊 ——— 山留めの設置
4. 工事用車両による道路の汚れ ——— 沈砂槽の設置

問 6
★★★
高所作業車を用いて作業を行う場合，事業者の講ずべき措置として，「労働安全衛生法」上，**定められていないもの**はどれか。

1. その日の作業を開始する前に，高所作業車の作業開始前点検を行わなければならない。
2. 高所作業車の乗車席及び作業床以外の箇所に労働者を乗せてはならない。
3. 高所作業車は，原則として，主たる用途以外の用途に使用してはならない。
4. 高所作業等作業主任者を選任しなければならない。

解答・解説

建築工事における危害，迷惑を防止するための対策

危害・迷惑	対　策
掘削による周辺地盤の崩壊	山留めの設置
落下物による危害	足場外側面への工事用シートの設置 水平安全ネットの設置
工事用車両による道路の汚れ	タイヤ洗浄場の設置
解体工事による粉塵の飛散	散水設備の設置

高所作業車での作業において事業者が講ずべき措置

- 作業の指揮者を定め，その者に作業計画に基づき作業の指揮を行わせる。
- 高所作業車の転倒及び転落による労働者の危険を防止するため，アウトリガーを張り出す，地盤の不同沈下を防止する，路肩の崩壊を防止する等，必要な措置を講じる。
- 作業床以外の箇所で作業床を操作するときは，作業床上の労働者と作業床を操作する者との間の連絡を確実にするため，一定の合図を定め，当該合図を行う者を指名してその者に行わせる。
- 運転者が運転位置から離れるときは，作業床を最低降下位置に置き，原動機を止め，かつ，高所作業車の逸走を防止する措置を講じさせる。
- 乗車席及び作業床以外の箇所に労働者を乗せてはならない。
- 原則として，高所作業車の主たる用途以外の用途に使用してはならない。
- ブーム等を上げ，その下で修理，点検等の作業を行うときは，当該作業に従事する労働者に安全支柱や安全ブロック等を使用させなければならない。
- 作業床上の労働者に要求性能墜落制止用器具等を使用させなければならない。

問5 答 4 ★正しくは，

　工事用車両による道路の汚れに対しては，タイヤ洗浄場を設置する。

問6 答 4 ★正しくは，

　高所作業車を用いる作業には，作業主任者の選任は不要である。

| 安全管理 | 10　作業主任者 |

問1
★★★
作業主任者を選任すべき作業として，「労働安全衛生法」上，**定められていないもの**はどれか。

1. 支柱高さが3mの型枠支保工の解体の作業
2. 土止め支保工の切りばりの取り外しの作業
3. ALCパネルの建込み作業
4. 軒高5mの木造建築物の構造部材の組立て作業

問2
★★
足場の組立て等作業主任者の職務として，「労働安全衛生法」上，**定められていないもの**はどれか。

1. 足場の組立図を作成し，材料の注文を行うこと。
2. 作業の方法及び労働者の配置を決定し，作業の進行状況を監視すること。
3. 材料の欠点の有無を点検し，不良品を取り除くこと。
4. 器具、工具、要求性能墜落制止用器具及び保護帽の機能を点検し、不良品を取り除くこと。

作業主任者を選任すべき主な作業

地山の掘削作業主任者	掘削面の高さが 2 m 以上となる地山の掘削（ずい道及びたて坑以外の坑の掘削を除く）の作業
土止め支保工作業主任者	土止め支保工の切りばり及び腹起こしの取付け，取り外しの作業
型枠支保工の組立て等作業主任者	型枠支保工の組立て，解体の作業
足場の組立て等作業主任者	つり足場（ゴンドラのつり足場を除く），張出し足場または高さが 5 m 以上の構造の足場の組立て，解体，変更の作業
木造建築物の組立て等作業主任者	軒の高さが 5 m 以上の木造建築物の構造部材の組立てまたはこれに伴う屋根下地，外壁下地の取付けの作業
コンクリート造の工作物の解体等作業主任者	コンクリート造の工作物（その高さが 5 m 以上であるものに限る）の解体，破壊の作業

足場の組立て等作業主任者の職務

① 材料の欠点の有無を点検し，不良品を取り除くこと。

② 器具，工具，要求性能墜落制止用器具及び保護帽の機能を点検し，不良品を取り除くこと。

③ 作業の方法及び労働者の配置を決定し，作業の進行状況を監視すること。

④ 要求性能墜落制止用器具及び保護帽の使用状況を監視すること。

問 1 答 3 ★補足すると，

　ALC パネルの建込み作業は，作業主任者を選任すべき作業として定められていない。

問 2 答 1 ★補足すると，

　足場の組立図を作成し，材料の注文を行うことは，作業主任者の職務として定められていない。

安全
管理

11　足場の安全管理

問1
★★★

建築工事の足場に関する記述として，最も不適当なものはどれか。

1. 単管足場の脚部は，敷角の上に単管パイプを直接乗せて，根がらみを設けた。
2. 単管足場の建地の間隔は，けた行方向 1.85 m 以下，はり間方向 1.5 m 以下とした。
3. 単管足場の建地の継手は，千鳥となるように配置した。
4. 単管足場の地上第一の布は，高さを 1.8 m とした。

問2
★★

通路及び足場に関する記述として，最も不適当なものはどれか。

1. 枠組足場に使用する作業床の幅は，30 cm 以上とした。
2. 屋内に設ける作業場内の通路は，通路面からの高さ 1.8m 以内に障害物がないようにした。
3. 折りたたみ式の脚立は，脚と水平面との角度を 75 度以下とし，開き止めの金具で止めた。
4. 枠組足場の墜落防止設備として，交さ筋かい及び高さ 15 cm 以上の幅木を設置した。

解答・解説

単管足場

- 足場の脚部には，足場の滑動や沈下を防止するため，ベース金具を用い，かつ，敷板，敷角等を用い，根がらみを設ける等の措置を講ずる。
- 鋼管の接続部，交差部は，これに適合した附属金具を用いて，確実に接続し，または緊結する。
- 筋かいで補強する。
- 壁つなぎの間隔は，垂直方向 5 m 以下，水平方向 5.5 m 以下とする。
- 建地の間隔は、けた行方向を 1.85 m 以下、はり間方向は 1.5 m 以下とする。
- 地上第一の布は、2 m 以下の位置に設ける。
- 建地，布の継手部は千鳥に配置する。

通路及び足場の規定

- 屋内に設ける通路については，通路面から高さ 1.8 m 以内に障害物を置かないこと。
- つり足場の場合を除き，作業床の幅は，40 cm 以上とすること。
- つり足場の場合を除き，作業床の床材間の隙間は，3 cm 以下とすること。
- つり足場の場合を除き，作業床の床材と建地との隙間は，12 cm 未満とすること。
- 枠組み足場の墜落防止設備として，交さ筋かい及び高さ15 cm 以上40 cm 以下の桟もしくは高さ 15 cm 以上の幅木，または手すりわくを設けること。

問1 答1 ★正しくは，

単管足場の脚部は，ベース金具を用い，かつ，敷板，敷角等を用い，根がらみを設ける。

問2 答1 ★正しくは，

枠組足場に使用する作業床の幅は，40 cm 以上とする。

2級 建築施工管理技術検定

第一次検定　第3章

法規

法規 **1　建築基準法**

| 問1 ★★★ | 用語の定義に関する記述として，「建築基準法」上，誤っているものはどれか。 |

1. 建築物を移転することは，建築である。

2. 公衆浴場の浴室は，居室ではない。

3. 駅のプラットホームの上家は，建築物ではない。

4. 自動車車庫の用途に供する建築物は，特殊建築物である。

| 問2 ★★ | 用語の定義に関する記述として，「建築基準法」上，誤っているものはどれか。 |

1. コンクリートや石は，耐水材料である。

2. 間仕切壁は，建築物の構造上重要でないものであっても，主要構造部である。

3. 直接地上に通ずる出入口のある階は，避難階である。

4. 建築物に関する工事用の仕様書は，設計図書である。

用語の定義

建築物	土地に定着する工作物のうち，屋根及び柱・壁を有するもの，これに附属する門・塀，地下・高架の工作物内に設ける事務所，店舗，興行場，倉庫等（跨線橋，プラットホームの上家，貯蔵槽等を除く）をいい，建築設備を含む。
特殊建築物	学校，体育館，病院，劇場，百貨店，公衆浴場，旅館，共同住宅，寄宿舎，工場，倉庫，自動車車庫，危険物の貯蔵場等の用途に供する建築物。
建築設備	建築物に設ける電気，ガス，給排水，換気，冷暖房，消火・排煙，汚物処理の設備または煙突，昇降機，避雷針。
居室	居住，執務，作業，集会，娯楽等の目的のために継続的に使用する室。
主要構造部	壁，柱，床，はり，屋根，階段をいい，建築物の構造上重要でない間仕切壁，間柱，屋外階段等の部分を除く。 注意 基礎は該当しない。
設計図書	建築物，その敷地等に関する工事用の図面（現寸図等を除く）及び仕様書。
設計者	その者の責任において設計図書を作成した者。
建築	建築物を新築し，増築し，改築し，移転すること。
大規模の修繕	建築物の主要構造部の1種以上について行う過半の修繕。
大規模の模様替	建築物の主要構造部の1種以上について行う過半の模様替。

問1 答2 ★正しくは，

住居の浴室は，居室ではないが，公衆浴場の浴室は，居室である。

問2 答2 ★正しくは，

建築物の構造上重要でない間仕切壁は，主要構造部ではない。

法規

1　建築基準法

問3
★★★

建築確認手続き等に関する記述として、「建築基準法」上、誤っているものはどれか。

1.　建築確認申請が必要な工事は、確認済証の交付を受けた後でなければ、することができない。

2.　工事施工者は、工事現場の見やすい場所に、国土交通省令で定める様式によって、建築確認があった旨の表示をしなければならない。

3.　工事施工者は、建築確認を受けた工事を完了したときは、建築主事又は指定確認検査機関の完了検査を申請しなければならない。

4.　建築主事が工事の完了検査の申請を受理した場合、その受理した日から7日以内に、建築主事等による検査をしなければならない。

建築確認

> **建築確認申請が必要な建築物**
> ① 耐火建築物等としなければならない特殊建築物で，その用途に供する部分の床面積の合計が 200 m² を超えるもの
> ② 木造の建築物で 3 以上の階数を有し，または延べ面積が 500 m²，高さが 13 m もしくは軒の高さが 9 m を超えるもの
> ③ 木造以外の建築物で 2 以上の階数を有し，または延べ面積が 200 m² を超えるもの

- 建築確認申請が必要な建築物の工事は，確認済証の交付を受けた後でなければ，することができない。
- 確認済証の交付を受けた工事の施工者は，工事現場の見易い場所に，国土交通省令で定める様式によって，建築確認があった旨の表示をしなければならない。
- 建築確認申請が必要な工事の施工者は，設計図書を工事現場に備えておかなければならない。

完了検査

> - 建築主は，建築確認を受けた工事を完了したときは，建築主事または指定確認検査機関の完了検査を申請しなければならない。
> - 当該建築物の建築主は，原則として，検査済証の交付を受けた後でなければ，当該建築物を使用し，または使用させてはならない。

問3 **答** 3 ★正しくは，

　建築主は，建築確認を受けた工事を完了したときは，建築主事または指定確認検査機関の完了検査を申請しなければならない。

| 法規 | 1　建築基準法 |

問4
★★★

次の記述のうち，「建築基準法」上，**誤っているも
の**はどれか。

1. 最下階の居室の床が木造である場合における床の上面の高さは，
   原則として直下の地面から 45 cm 以上とする。
2. 居室の天井の高さは，室の床面から測り，1室で天井の高さの異
   なる部分がある場合は，最も低いところの高さによる。
3. 下水道法に規定する処理区域内においては，汚水管が公共下水道
   に連結された水洗便所としなければならない。
4. 建築物の敷地は，原則として，これに接する道の境より高くしな
   ければならない。

問5
★★

次の記述のうち，「建築基準法」上，**誤っているも
の**はどれか。

1. 階段に代わる傾斜路の勾配は，$\dfrac{1}{10}$ を超えないものとする。
2. 階段に代わる傾斜路には，原則として，手すり等を設けなければな
   らない。
3. 回り階段の部分における踏面の寸法は，踏面の狭い方の端から 30 cm
   の位置において測るものとする。
4. 階段の幅が 3 m を超える場合，原則として，中間に手すりを設け
   なければならない。

解答・解説

建築基準法に定める諸規定

> 敷地・地盤面
> - 原則として，建築物の敷地は，これに接する道の境より高くなければならず，建築物の地盤面は，これに接する周囲の土地より高くなければならない。
>
> 居室の天井の高さ
> - 居室の天井の高さは，2.1 m 以上でなければならない。
> - 1 室で天井の高さの異なる部分がある場合においては，その平均の高さによる。
>
> 居室の床の高さ
> - 最下階の居室の床が木造である場合における床の高さは，原則として，直下の地面からその床の上面まで 45 cm 以上とする。

階段等に関する規定

> - 住宅の階段（共同住宅の共用の階段を除く）の蹴上げは 23 cm 以下，踏面は 15 cm 以上とすることができる。
> - 回り階段の部分における踏面の寸法は，踏面の狭い方の端から 30 cm の位置において測るものとする。
> - 階段には，手すりを設けなければならない。
> - 階段の幅が 3 m を超える場合においては，原則として，中間に手すりを設けなければならない。
> - 階段に代わる傾斜路の勾配は，$\dfrac{1}{8}$ を超えないものとする。

問4 答2 ★正しくは，

　居室の天井の高さは，室の床面から測り，1 室で天井の高さの異なる部分がある場合は，その平均の高さによる。

問5 答1 ★正しくは，

　階段に代わる傾斜路の勾配は，$\dfrac{1}{8}$ を超えないものとする。

法規

1　建築基準法

問6
★★★

居室の採光及び換気に関する記述として，「建築基準法」上，**誤っているもの**はどれか。

1. 換気設備のない居室には，原則として，換気に有効な部分の面積がその居室の床面積の $\frac{1}{20}$ 以上の換気のための窓その他の開口部を設けなければならない。

2. 居室には，政令で定める技術的基準に従って換気設備を設けた場合，換気のための窓その他の開口部を設けなくてもよい。

3. 地階に設ける居室には，必ず，採光のための窓その他の開口部を設けなければならない。

4. ふすま，障子その他随時開放することができるもので仕切られた2室は，居室の採光及び換気の規定の適用に当たっては，1室とみなす。

問7
★★★

地上階にある次の居室のうち，「建築基準法」上，原則として，採光のための窓その他の開口部を**設けなければならないもの**はどれか。

1. 病院の診察室

2. ホテルの客室

3. 寄宿舎の寝室

4. 事務所の事務室

居室の採光・換気に関する規定

採光のための窓その他の開口部を設けなければならない居室
- 居住のための居室　　• 学校の教室　　• 病院の病室　　• 寄宿舎の寝室
- 保育所及び幼保連携型認定こども園の保育室
- 児童福祉施設等の寝室（入所する者の使用するものに限る）
- 児童福祉施設等（保育所を除く）の居室のうちこれらに入所し，または通う者に対する保育，訓練，日常生活に必要な便宜の供与等の目的のために使用されるもの
- 病院，診療所及び児童福祉施設等の居室のうち入院患者または入所する者の談話，娯楽等の目的のために使用されるもの

居室の採光及び換気
- 居室には，採光のための窓その他の開口部を設け，その採光に有効な部分の面積は，その居室の床面積に対して，住宅にあっては $\frac{1}{7}$ 以上としなければならない。ただし，地階もしくは地下工作物内に設ける居室等の居室または温湿度調整を必要とする作業を行う作業室その他用途上やむを得ない居室については，この限りでない。
- 居室には，換気のための窓その他の開口部を設け，その換気に有効な部分の面積は，その居室の床面積に対して，$\frac{1}{20}$ 以上としなければならない。ただし，政令で定める技術的基準に従って換気設備を設けた場合においては，この限りでない。
- ふすま，障子その他随時開放することができるもので仕切られた2室は，居室の採光及び換気の規定の適用に当たっては，1室とみなす。

問6 答 3　★正しくは，

地階に設ける居室には，必ずしも，採光のための窓その他の開口部を設けなくてよい。

問7 答 3　★補足すると，

寄宿舎の寝室には，採光のための窓その他の開口部を設けなければならない。

1

建築基準法

法規

2　建設業法

問 1
★★★

建設業の許可に関する記述として，「建設業法」上，**誤っているもの**はどれか。

1. 2以上の都道府県の区域内に営業所を設けて建設業を営もうとする者は，国土交通大臣の許可を受けなければならない。

2. 一般建設業と特定建設業の違いは，発注者から直接請け負う場合の請負代金の額の違いによる。

3. 建築工事業で一般建設業の許可を受けている者が，建築工事業で特定建設業の許可を受けた場合，一般建設業の許可は効力を失う。

4. 下請負人として建設業を営もうとする者が建設業の許可を受ける場合，一般建設業の許可を受ければよい。

解答・解説

建設業の許可

大臣許可・知事許可

- 2 以上の都道府県の区域内に営業所を設けて営業をしようとする場合は，国土交通大臣の許可を受ける。
- 1 の都道府県の区域内にのみ営業所を設けて営業をしようとする場合は，当該営業所の所在地を管轄する都道府県知事の許可を受ける。

許可を要しない軽微な建設工事

- 工事 1 件の請負代金の額が 500 万円（当該建設工事が建築一式工事である場合にあっては，1,500 万円）に満たない工事または建築一式工事のうち延べ面積が 150 m² に満たない木造住宅を建設する工事。

特定建設業許可

- 発注者から直接請け負う 1 件の建設工事につき，その工事の全部または一部を，下請代金の額（その工事に係る下請契約が 2 以上あるときは，下請代金の額の総額）が 4,500 万円（建築工事業の場合は 7,000 万円）以上となる下請契約を締結して施工しようとする場合に必要な許可。

一般建設業許可

- 特定建設業以外の建設業を営む場合に必要な許可。
- 一般建設業の許可を受けている者が，当該許可に係る建設業について，特定建設業の許可を受けた場合，一般建設業の許可は効力を失う。

許可の種類

- 建設業の許可は，建設工事の種類ごとに，29 業種に分けて与えられる。

許可の更新

- 建設業の許可は，5 年ごとにその更新を受けなければ，その期間の経過によって，その効力を失う。

問1 答 2 ★正しくは，

　一般建設業と特定建設業の違いは，発注者から直接請け負った建設工事を，下請契約を締結して施工しようとする場合の，下請代金の額の違いによる。下請代金の額が 4,500 万円（建築工事業の場合は 7,000 万円）以上となる場合は，特定建設業の許可が必要となる。

| 法規 | **2　建設業法** |

問2
★★★
　建設業の許可に関する記述として,「建設業法」上,誤っているものはどれか。

1.　建設業の許可は, 5年ごとに更新を受けなければ, その期間の経過によって, その効力が失われる。
2.　建築工事業で特定建設業の許可を受けている者は, 土木工事業で一般建設業の許可を受けることができる。
3.　国又は地方公共団体が発注者である建設工事を請け負う者は, 特定建設業の許可を受けていなければならない。
4.　工事1件の請負代金の額が1,500万円に満たない建築一式工事のみを請け負う場合, 建設業の許可を必要としない。

問3
★★
　建設業の許可に関する記述として,「建設業法」上,誤っているものはどれか。

1.　営業所の所在地について, 同一の都道府県内で変更があったときは, その旨の変更届出書を提出しなければならない。
2.　使用人数に変更を生じたときは, その旨を書面で届け出なければならない。
3.　営業所に置く専任技術者について, 代わるべき者があるときは, その者について, 書面を提出しなければならない。
4.　許可を受けた建設業の業種の区分について変更があったときは, その旨の変更届出書を提出しなければならない。

許可の基準

- 建設業の許可を受けようとする者は，営業所ごとに所定の要件を満たした専任の技術者を置かなければならない。

変更等の届出

- 許可に係る建設業者は，以下の事項について変更があったときは，30日以内に，その旨の変更届出書を提出しなければならない。

① 商号または名称

② 営業所の名称及び所在地

③ 法人である場合においては，その資本金額及び役員等の氏名

④ 個人である場合においては，その者の氏名及び支配人があるときは，その者の氏名

⑤ その営業所ごとに置かれる専任の技術者の氏名

- 許可に係る建設業者は，使用人数を記載した書面の記載事項に変更を生じたときは，毎事業年度経過後4月以内に，その旨を書面で届け出なければならない。

- 許可に係る建設業者は，営業所に置く専任の技術者について，これに代わるべき者があるときは，2週間以内に，その者について，書面を提出しなければならない。

問2 答3 ★正しくは，

　国または地方公共団体が発注者である建設工事を請け負う者が，特定建設業の許可を必要とするわけではない（→ p.253 参照）。

問3 答4 ★正しくは，

　許可を受けた建設業の業種の区分を変更する場合は，新たに許可を受けなければならない。

法規	**2　建設業法**

問4
★★

工事現場における技術者に関する記述として，「建設業法」上，**誤っている**ものはどれか。

1. 請負代金の額が 7,000 万円の工場の建築一式工事を請け負った建設業者は，当該工事現場における建設工事の施工の技術上の管理をつかさどる技術者を専任の者としなければならない。

2. 発注者から直接建築一式工事を請け負った特定建設業者は，下請け契約の総額が 6,000 万円以上となる工事を施工する場合，工事現場に監理技術者を置かなければならない。

3. 主任技術者を設置する工事で専任が必要とされるものは，同一の建設業者が同じ場所で行う密接な関係のある 2 以上の工事であっても，これらの工事を同じ主任技術者が管理してはならない。

4. 建築一式工事に関し 10 年以上実務の経験を有する者は，建築一式工事における主任技術者になることができる。

主任技術者及び監理技術者の設置

- 建設業者は，その請け負った建設工事を施工するときは，原則として，主任技術者を置かなければならない。
- 発注者から直接建設工事を請け負った特定建設業者は，当該建設工事を施工するために締結した下請契約の請負代金の額（当該下請契約が2以上あるときは，それらの請負代金の額の総額）が4,500万円（建築工事業の場合は7,000万円）以上になる場合においては，監理技術者を置かなければならない。
- 公共性のある施設・工作物または多数の者が利用する施設・工作物に関する重要な建設工事で政令で定めるものに該当するもので，工事1件の請負代金の額が4,000万円（当該建設工事が建築一式工事である場合にあっては，7,000万円）以上のものについては，主任技術者・監理技術者は，原則として，工事現場ごとに，専任の者でなければならない。
- 上に規定する建設工事のうち，密接な関係のある2以上の建設工事を同一の建設業者が同一の場所または近接した場所において施工するものについては，同一の専任の主任技術者がこれらの建設工事を管理することができる。

主任技術者の要件

①所定の学校を卒業した後，所定の年数以上実務の経験を有する者で在学中に所定の学科を修めたもの。
②当該建設工事に関し，10年以上実務の経験を有する者。

問4 答 3　★正しくは，

　主任技術者を設置する工事で専任が必要とされるものでも，密接な関係のある2以上の建設工事を同一の建設業者が同一の場所または近接した場所において施工するものについては，同一の専任の主任技術者がこれらの建設工事を管理することができる。

法規

2　建設業法

問5 ★★

建設工事の請負契約に関する記述として，**最も不適当なもの**はどれか。

1. 請負契約においては，注文者が工事の全部又は一部の完成を確認するための検査の時期及び方法並びに引渡しの時期に関する事項を書面に記載しなければならない。

2. 共同住宅の新築工事を請け負った建設業者は，あらかじめ発注者の書面による承諾を得れば，その工事を一括して他人に請け負わせることができる。

3. 元請負人は，自己の取引上の地位を不当に利用して，その注文した建設工事を施工するために通常必要と認められる原価に満たない金額を請負代金の額とする下請契約を締結してはならない。

4. 建設業者は，建設工事の注文者から請求があったときは，請負契約が成立するまでの間に，建設工事の見積書を提示しなければならない。

解答・解説

建設工事の請負契約の主な内容

① 工事内容
② 請負代金の額
③ 工事着手の時期及び工事完成の時期
④ 工事を施工しない日または時間帯の定めをするときは，その内容
⑤ 請負代金の全部または一部の前金払または出来形部分に対する支払の定めをするときは，その支払の時期及び方法
⑥ 天災その他不可抗力による工期の変更または損害の負担及びその額の算定方法に関する定め
⑦ 価格等の変動もしくは変更に基づく請負代金の額または工事内容の変更
⑧ 工事の施工により第三者が損害を受けた場合における賠償金の負担に関する定め
⑨ 注文者が工事の全部または一部の完成を確認するための検査の時期及び方法並びに引渡しの時期
⑩ 工事完成後における請負代金の支払の時期及び方法
⑪ 契約に関する紛争の解決方法

一括下請負の禁止

- 原則として，建設業者は，その請け負った建設工事を，いかなる方法をもってするかを問わず，一括して他人に請け負わせてはならない。
- 共同住宅を新築する建設工事以外の建設工事である場合において，当該建設工事の元請負人があらかじめ発注者の書面による承諾を得たときは，その工事を一括して他人に請け負わせることができる。

問5 答2 ★正しくは，

　共同住宅の新築工事を請け負った建設業者は，あらかじめ発注者の書面による承諾を得ても，その工事を一括して他人に請け負わせることはできない。

法規	**3　労働基準法**

問1
★★★
次の記述のうち、「労働基準法」上、誤っているものはどれか。

1. 親権者又は後見人は、未成年者に代って労働契約を締結することができる。

2. 使用者は、満18歳に満たない者について、その年齢を証明する戸籍証明書を事業場に備え付けなければならない。

3. 使用者は、原則として満18歳に満たない者を午後10時から午前5時までの間において使用してはならない。

4. 未成年者の親権者又は後見人は、未成年者の賃金を代って受け取ってはならない。

問2
★★
次の業務のうち、「労働基準法」上、満17歳の者を就かせてはならない業務はどれか。

1. 最大積載荷重1.5 tの荷物用エレベーターの運転の業務

2. 動力により駆動される土木建築用機械の運転の業務

3. 屋外の建設現場での業務

4. 20 kgの重量物を断続的に取り扱う業務

年少者

- 使用者は，原則として，児童が満 15 歳に達した日以後の最初の 3 月 31 日が終了するまで，これを使用してはならない。
- 使用者は，満 18 歳に満たない者について，その年齢を証明する戸籍証明書を事業場に備え付けなければならない。
- 親権者または後見人は，未成年者に代って労働契約を締結してはならない。
- 未成年者は，独立して賃金を請求することができる。親権者または後見人は，未成年者の賃金を代って受け取ってはならない。
- 使用者は，原則として，満 18 歳に満たない者を午後 10 時から午前 5 時までの間において使用してはならない。
- 満 18 歳に満たない者が解雇の日から 14 日以内に帰郷する場合においては，使用者は，原則として，必要な旅費を負担しなければならない。

満 18 歳に満たない者を就かせてはならない主な業務

- 重量物を取り扱う業務

	満 16 歳未満		満 16 歳以上満 18 歳未満	
	男	女	男	女
断続作業	15 kg 以上	12 kg 以上	30 kg 以上	25 kg 以上
継続作業	10 kg 以上	8 kg 以上	20 kg 以上	15 kg 以上

- 最大積載荷重が 2 t 以上の人荷共用もしくは荷物用のエレベーターの運転の業務
- 動力により駆動される土木建築用機械の運転の業務

問 1 答 1 ★正しくは，

親権者または後見人は，未成年者に代って労働契約を締結してはならない。

問 2 答 2 ★補足すると，

動力により駆動される土木建築用機械の運転の業務には，満 17 歳の者を就かせてはならない。

3

労働基準法

法規	**3 労働基準法**

問3 ★★★	使用者が労働契約の締結に際し,「労働基準法」上,労働者に書面で交付しなくてもよいものはどれか。

1. 就業の場所及び従事すべき業務に関する事項

2. 退職に関する事項

3. 賃金の支払の時期に関する事項

4. 職業訓練に関する事項

問4 ★★★	使用者が労働契約の締結に際し,「労働基準法」上,労働者に書面で交付しなければならない労働条件はどれか。

1. 災害補償及び業務外の傷病扶助に関する事項

2. 安全及び衛生に関する事項

3. 労働契約の期間に関する事項

4. 休職に関する事項

労働契約の締結に際し明示すべき事項

① 労働契約の期間に関する事項

② 期間の定めのある労働契約を更新する場合の基準に関する事項

③ 就業の場所及び従事すべき業務に関する事項

④ 始業及び終業の時刻，所定労働時間を超える労働の有無，休憩時間，休日，休暇並びに労働者を2組以上に分けて就業させる場合における就業時転換に関する事項

⑤ 賃金の決定，計算及び支払の方法，賃金の締切り及び支払の時期並びに昇給に関する事項

⑥ 退職に関する事項（解雇の事由を含む）

⑦ 退職手当の定めが適用される労働者の範囲，退職手当の決定，計算及び支払の方法並びに退職手当の支払の時期に関する事項

⑧ 臨時に支払われる賃金（退職手当を除く），賞与及びそれに準ずる賃金並びに最低賃金額に関する事項

⑨ 労働者に負担させるべき食費，作業用品その他に関する事項

⑩ 安全及び衛生に関する事項

⑪ 職業訓練に関する事項

⑫ 災害補償及び業務外の傷病扶助に関する事項

⑬ 表彰及び制裁に関する事項

⑭ 休職に関する事項

※ このうち，書面の交布により明示すべき事項は，①～⑥（昇給に関する事項を除く）である。

問3 **答** 4 ★補足すると，

　職業訓練に関する事項は，書面で交布しなくてもよいものである。

問4 **答** 3 ★補足すると，

　労働契約の期間に関する事項は，書面で交布しなければならない労働条件である。

| 法規 | **3　労働基準法** |

問5
★★
労働契約に関する記述として,「労働基準法」上,**誤っ**ているものはどれか。

1. 使用者は,労働契約の締結に際し,労働者に対して賃金,労働時間その他の労働条件を明示しなければならない。
2. 労働者は,使用者より明示された労働条件が事実と相違する場合においては,即時に労働契約を解除することができる。
3. 使用者は,労働契約の不履行について違約金を定める契約をすることができる。
4. 使用者は,労働契約に附随して貯蓄の契約をさせてはならない。

問6
★★
労働契約に関する記述として,「労働基準法」上,**誤っ**ているものはどれか。

1. 使用者は,労働することを条件とする前貸の債権と賃金を相殺することができる。
2. 使用者は,労働者が業務上の傷病の療養のために休業する期間及びその後30日間は,原則として解雇してはならない。
3. 使用者は,労働契約の不履行について損害賠償額を予定する契約をしてはならない。
4. 使用者は,退職した労働者からその者の受け取るべき権利のある賃金の支払い請求があった場合には,7日以内に支払わなければならない。

解答・解説

労働契約に関する規定

- 使用者は，労働契約の締結に際し，労働者に対して賃金，労働時間その他の労働条件を明示しなければならない。
- 明示された労働条件が事実と相違する場合においては，労働者は，即時に労働契約を解除することができる。
- 使用者は，労働契約の不履行について違約金を定め，または損害賠償額を予定する契約をしてはならない。
- 使用者は，前借金その他労働することを条件とする前貸の債権と賃金を相殺してはならない。
- 使用者は，労働契約に附随して貯蓄の契約をさせ，または貯蓄金を管理する契約をしてはならない。
- 使用者は，原則として，労働者が業務上負傷し，または疾病にかかり療養のために休業する期間及びその後 30 日間は，解雇してはならない。
- 使用者は，原則として，労働者を解雇しようとする場合においては，少くとも 30 日前にその予告をしなければならない。
- 使用者は，労働者の死亡または退職の場合において，権利者の請求があった場合においては，7 日以内に賃金を支払い，積立金，保証金，貯蓄金その他名称の如何を問わず，労働者の権利に属する金品を返還しなければならない。

問 5 　答 3 　★正しくは，

　使用者は，労働契約の不履行について違約金を定める契約をしてはならない。

問 6 　答 1 　★正しくは，

　使用者は，労働することを条件とする前貸の債権と賃金を相殺してはならない。

| 法規 | **4　労働安全衛生法** |

| 問1
★★★ | 建築工事の現場において，統括安全衛生責任者を選任しなければならない常時就労する労働者の最少人員として，「労働安全衛生法」上，正しいものはどれか。
ただし，ずい道等の建設の仕事，橋梁の建設の仕事又は圧気工法による作業を行う仕事を除くものとする。 |

1. 30人
2. 50人
3. 100人
4. 200人

| 問2
★★★ | 「労働安全衛生法」上，事業者が，所轄労働基準監督署長へ報告書を提出する必要がないものはどれか。 |

1. 安全衛生推進者を選任したとき。
2. 産業医を選任したとき。
3. 安全管理者を選任したとき。
4. 総括安全衛生管理者を選任したとき。

統括安全衛生責任者の選任

• 特定元方事業者が統括安全衛生責任者を選任すべき，労働者の最少人数。

ずい道等の建設の仕事，橋梁の建設の仕事，圧気工法による作業を行う仕事	常時 30 人
上記以外の仕事	常時 50 人

店社安全衛生管理者の選任

• 元方事業者が店社安全衛生管理者を選任すべき，労働者の最少人数。

ずい道等の建設の仕事，橋梁の建設の仕事，圧気工法による作業を行う仕事及び主要構造部が鉄骨造または鉄骨鉄筋コンクリート造である建築物の建設の仕事	常時 20 人
上記以外の仕事	常時 50 人

労働基準監督署長への報告

• 選任時に労働基準監督署長への報告書の提出が必要なもの。

① 総括安全衛生管理者　② 安全管理者

③ 衛生管理者　　　　　④ 産業医

> **注意** 安全衛生推進者及び衛生推進者を選任したときは必要ない。

問1 **答** 2　★補足すると，

　ずい道等の建設の仕事，橋梁の建設の仕事，圧気工法による作業を行う仕事以外の仕事の場合，統括安全衛生責任者を選任しなければならない常時就労する労働者の最少人員は，50 人である。

問2 **答** 1　★補足すると，

　安全衛生推進者を選任したときは，所轄労働基準監督署へ報告書を提出する必要がない。

法規　**4　労働安全衛生法**

問 3
★★★
　労働者の就業に当たっての措置に関する記述として，「労働安全衛生法」上，誤っているものはどれか。

1.　事業者は，省令で定める危険又は有害な業務に労働者を就かせるときは，原則として，当該業務に関する安全又は衛生のための特別の教育を行わなければならない。

2.　就業制限に係る業務に就くことができる者が当該業務に従事するときは，これに係る免許証その他その資格を証する書面の写しを携帯していなければならない。

3.　事業者は，通常の労働者の 1 週間の所定労働時間に比して短い労働者（パートタイム労働者）を雇い入れたときは，原則として，その従事する業務に関する安全又は衛生のための教育を行わなければならない。

4.　事業者は，労働者を雇い入れたときは，当該労働者に対し，その従事する業務に関する安全又は衛生のための教育を行わなければならない。

労働者の就業に当たっての措置

安全衛生教育

- 事業者は，労働者を雇い入れたとき及び労働者の作業内容を変更したときは，当該労働者に対し，その従事する業務に関する安全または衛生のための教育を行わなければならない。
- 事業者は，危険または有害な業務で，厚生労働省令で定めるものに労働者をつかせるときは，当該業務に関する安全または衛生のための特別の教育を行わなければならない。

就業制限

- 事業者は，クレーンの運転その他の業務で、政令で定めるものについては，当該業務に係る技能講習を修了した者でなければ，当該業務に就かせてはならない。
- 当該業務に就くことができる者は，当該業務に従事するときは，これに係る免許証その他その資格を証する書面（原本）を携帯していなければならない。

中高年齢者等についての配慮

- 事業者は，中高年齢者その他労働災害の防止上その就業に当たって特に配慮を必要とする者については，これらの者の心身の条件に応じて適正な配置を行うように努めなければならない。

問3 **答** 2 ★正しくは，

就業制限に係る業務に就くことができる者が当該業務に従事するときは，これに係る免許証その他その資格を証する書面（原本）を携帯していなければならない。

法規

4　労働安全衛生法

問4
★★

建設現場における次の業務のうち，「労働安全衛生法」上，当該業務に関する安全又は衛生のための特別教育のみを受けた者が従事できる業務はどれか。
ただし，道路上を走行させる運転を除くものとする。

1. つり上げ荷重が3tのタワークレーンの運転の業務

2. つり上げ荷重が3tの移動式クレーンの玉掛けの業務

3. 機体荷重が3tのブルドーザーの運転の業務

4. 最大荷重が3tのフォークリフトの運転の業務

問5
★★★

建設現場における次の業務のうち，「労働安全衛生法」上，都道府県労働局長の登録を受けた者が行う技能講習を修了した者でなければ就かせてはならない業務はどれか。
ただし，道路上を走行させる運転を除くものとする。

1. つり上げ荷重が1t未満の移動式クレーンの玉掛けの業務

2. 最大荷重が1tの建設用リフトの運転の業務

3. 作業床の高さが10mの高所作業車の運転の業務

4. ゴンドラの操作の業務

免許・技能講習修了が必要な業務

業　務	必要な資格
制限荷重が5t以上の揚貨装置の運転	免許
つり上げ荷重が5t以上のデリックの運転	免許
つり上げ荷重が5t以上のクレーン（跨線テルハを除く）の運転	免許・技能講習
つり上げ荷重が1t以上の移動式クレーンの運転（道路上を走行させる運転を除く）	免許・技能講習
最大荷重が1t以上のフォークリフトの運転（道路上を走行させる運転を除く）	技能講習
機体重量が3t以上の建設機械で，動力を用い，かつ，不特定の場所に自走することができるものの運転（道路上を走行させる運転を除く）	技能講習
最大荷重が1t以上のショベルローダー，フォークローダーの運転（道路上を走行させる運転を除く）	技能講習
作業床の高さが10m以上の高所作業車の運転（道路上を走行させる運転を除く）	技能講習
制限荷重が1t以上の揚貨装置またはつり上げ荷重が1t以上のクレーン，移動式クレーン，デリックの玉掛け	技能講習

問4 答1 ★補足すると，

つり上げ荷重が5t未満のクレーンの運転の業務は，免許や技能講習の修了を必要とせず，当該業務に関する安全または衛生のための特別の教育のみを受けた者でも従事できる。

問5 答3 ★補足すると，

作業床の高さが10m以上の高所作業車の運転の業務は，技能講習を修了した者でなければ就かせてはならない。

5　建設リサイクル法

問1 ★★★	建設工事に使用する資材のうち，「建設工事に係る資材の再資源化等に関する法律（建設リサイクル法）」上，**特定建設資材に該当するもの**はどれか。

1. 内装工事に使用するパーティクルボード
2. 防水工事に使用するアスファルトルーフィング
3. 外壁工事に使用するモルタル
4. 屋根工事に使用するセメント瓦

問2 ★★★	建設工事に伴う次の副産物のうち，「建設工事に係る資材の再資源化等に関する法律（建設リサイクル法）」上，**特定建設資材廃棄物に該当するもの**はどれか。

1. 基礎工事の掘削に伴って生じた土砂
2. 住宅の屋根の葺替え工事に伴って生じた粘土瓦
3. 場所打ちコンクリート杭工事の杭頭処理に伴って生じたコンクリート塊
4. 鋼製建具の取替えに伴って生じた金属くず

用語の定義

特定 建設資材	コンクリート，木材その他建設資材のうち，建設資材廃棄物となった場合におけるその再資源化が資源の有効な利用及び廃棄物の減量を図る上で特に必要であり，かつ，その再資源化が経済性の面において制約が著しくないと認められるものとして政令で定めるもの。

特定建設資材

コンクリート	無筋コンクリート，鉄筋コンクリート，コンクリートブロック，間知ブロック，軽量コンクリート等
コンクリート及び鉄から成る建設資材	コンクリート平板，U字溝等二次製品等
木材	合板，パーティクルボード，集成材（構造用集成材），繊維板等
アスファルト・コンクリート	アスファルト混合物，再生加熱アスファルト混合物，改質再生アスファルト混合物，アスファルト処理混合物，再生加熱アスファルト処理混合物等

特定建設資材に該当しないもの

- セメント瓦　• モルタル　• ALCパネル　• 窯業系サイディング（押し出し成形版）• 普通れんが　• 繊維強化セメント板（スレート）• 粘土瓦　• タイル　• セメント処理混合物　• 粒度調整砕石　• 再生粒度調整砕石　• クラッシャラン　• 再生クラッシャラン　• アスファルトルーフィング等

問1 **答** 1　★補足すると，

　内装工事に使用するパーティクルボードは，特定建設資材に該当する。

問2 **答** 3　★補足すると，

　場所打ちコンクリート杭工事の杭頭処理に伴って生じたコンクリート塊は，特定建設資材廃棄物に該当する。

法規	**6　廃棄物処理法**

問1 ★★	廃棄物に関する記述として，「廃棄物の処理及び清掃に関する法律」上，**誤っているもの**はどれか。

1. 建築物の新築に伴って生じた段ボールは，産業廃棄物である。
2. 工事現場の作業員詰所から排出された新聞，雑誌は，産業廃棄物である。
3. 建築物の除去に伴い生じた木くずは，産業廃棄物である。
4. 建築物の杭工事に伴い生じた汚泥は，産業廃棄物である。

問2 ★★	次の記述のうち，「廃棄物の処理及び清掃に関する法律」上，**誤っているもの**はどれか。 ただし，特別管理産業廃棄物を除くものとする。

1. 事業者は，工事に伴って生じた産業廃棄物が運搬されるまでの間，産業廃棄物保管基準に従い，生活環境の保全上支障のないようにこれを保管しなければならない。
2. 事業者は，工事に伴って生じた産業廃棄物の処分を他人に委託する場合には，その産業廃棄物の処分が事業の範囲に含まれている産業廃棄物処分業者に委託しなければならない。
3. 産業廃棄物の収集又は運搬を業として行おうとする者は，原則として，都道府県知事の許可を受けなければならない。
4. 事業者は，工事に伴って生じた産業廃棄物を自ら処理することはできない。

用語の定義

一般廃棄物	産業廃棄物以外の廃棄物。
産業廃棄物	事業活動に伴って生じた廃棄物のうち，燃え殻，汚泥，廃油，廃酸，廃アルカリ，廃プラスチック類その他政令で定める廃棄物。
特別管理産業廃棄物	産業廃棄物のうち，爆発性，毒性，感染性その他の人の健康または生活環境に係る被害を生ずるおそれがある性状を有するものとして政令で定めるもの。

産業廃棄物

- 紙くず ・ 木くず ・ 繊維くず ・ コンクリートの破片
以上，工作物の新築，改築，除去に伴って生じたものに限る。
- ガラスくず ・ ゴムくず ・ 金属くず ・ 鉱さい 等

産業廃棄物の処理

- 事業者は，原則として，その産業廃棄物を自ら処理しなければならない。
- 事業者は，その産業廃棄物が運搬されるまでの間，産業廃棄物保管基準に従い，生活環境の保全上支障のないようにこれを保管しなければならない。
- 事業者は，その産業廃棄物の運搬，処分を委託する場合には，他人の産業廃棄物の運搬，処分を業として行うことができる者であって，委託しようとする産業廃棄物の運搬がその事業の範囲に含まれるものに委託しなければならない。

問1 答2 ★正しくは，

工事現場の作業員詰所から排出された新聞，雑誌は，一般廃棄物である。

問2 答4 ★正しくは，

事業者は，工事に伴って発生した産業廃棄物を，原則として，自ら処理しなければならない。

法規

7　騒音規制法

問1
★★
次の建設作業のうち,「騒音規制法」上,**特定建設作業に該当しないもの**はどれか。

1. 環境大臣が指定するものを除く, 原動機の定格出力が 80 kW のバックホウを使用する作業

2. くい打機をアースオーガーと併用するくい打ち作業

3. 圧入式を除く, くい打くい抜機を使用する作業

4. さく岩機を使用し作業地点が連続して移動する作業で, 1日における作業に係る2地点間の最大距離が 50 m の作業

問2
★★
「騒音規制法」上の指定地域内における特定建設作業を伴う建設工事の施工に際し, 市町村長への**届出書に記入又は添付の定めのないもの**はどれか。

1. 特定建設作業の開始及び終了の時刻

2. 特定建設作業の場所の附近の見取図

3. 建設工事の目的に係る施設又は工作物の種類

4. 特定建設作業に係る仮設計画図

騒音規制法上の特定建設作業 (いずれも，当該作業がその作業を開始した日に終わるものを除く)

① くい打機（もんけんを除く），くい抜機またはくい打くい抜機（圧入式くい打くい抜機を除く）を使用する作業（くい打機をアースオーガーと併用する作業を除く）

② びょう打機を使用する作業

③ さく岩機を使用する作業（作業地点が連続的に移動する作業にあっては，1日における当該作業に係る2地点間の最大距離が 50 m を超えない作業に限る）

④ 空気圧縮機（電動機以外の原動機を用いるものであって，その原動機の定格出力が 15 kW 以上のものに限る）を使用する作業（さく岩機の動力として使用する作業を除く）

⑤ コンクリートプラント（混練機の混練容量が 0.45 m³ 以上のものに限る）またはアスファルトプラント（混練機の混練重量が 200 kg 以上のものに限る）を設けて行う作業（モルタルを製造するためにコンクリートプラントを設けて行う作業を除く）

⑥ バックホウ（一定の限度を超える大きさの騒音を発生しないものとして環境大臣が指定するものを除き，原動機の定格出力が 80 kW 以上のものに限る）を使用する作業

⑦ トラクターショベル（一定の限度を超える大きさの騒音を発生しないものとして環境大臣が指定するものを除き，原動機の定格出力が 70 kW 以上のものに限る）を使用する作業

⑧ ブルドーザー（一定の限度を超える大きさの騒音を発生しないものとして環境大臣が指定するものを除き，原動機の定格出力が 40 kW 以上のものに限る）を使用する作業

問1 答2 ★補足すると，

　くい打機をアースオーガーと併用するくい打ち作業は，特定建設作業から除外されている。

問2 答4 ★補足すると，

　特定建設作業に係る仮設計画図は，届出書に記入または添付の定めがない。

| 法規 | # 8　道路法・消防法 |

| 問 1
★★ | 次の記述のうち，「道路法」上，道路の占用の許可を受ける必要のないものはどれか。 |

1. 歩道の一部にはみ出して，工事用の仮囲いを設置する。
2. 道路の上部にはみ出して，防護棚（朝顔）を設置する。
3. コンクリート打設作業のために，ポンプ車を道路上に駐車させる。
4. 工事用電力の引込みのために，仮設電柱を道路に設置する。

| 問 2
★★ | 次の資格者のうち，「消防法」上，定められていないものはどれか。 |

1. 危険物保安監督者
2. 防火対象物点検資格者
3. 特定高圧ガス取扱主任者
4. 防火管理者

解答・解説

道路の占用許可

- 道路を継続して使用しようとする場合において，道路管理者の許可を受けなければならない設置物。
① 電柱，電線，変圧塔，郵便差出箱，公衆電話所，広告塔その他これらに類する工作物
② 水管，下水道管，ガス管その他これらに類する物件
③ 鉄道，軌道，自動運行補助施設その他これらに類する施設
④ 歩廊，雪よけその他これらに類する施設
⑤ 地下街，地下室，通路，浄化槽その他これらに類する施設
⑥ 露店，商品置場その他これらに類する施設
⑦ 前各号に掲げるもののほか，道路の構造または交通に支障を及ぼすおそれのある工作物，物件，施設で政令で定めるもの（工事用板囲，足場，詰所その他の工事用施設を含む）

消防法に規定されている資格者

- 防火管理者　• 防火対象物点検資格者
- 危険物保安監督者　• 危険物取扱者
- 消防設備士　• 消防設備点検資格者

問1　答 3　★補足すると，

　コンクリート打設作業のために，ポンプ車を道路上に駐車させる場合は，道路の占用の許可を受ける必要はない。ただし，所轄警察署長の道路使用許可を受ける必要がある。

問2　答 3　★補足すると，

　特定高圧ガス取扱主任者は，消防法には定められていない。高圧ガス保安法に規定されている。

第一次検定　第4章

能力問題

能力 問題	**1　躯体**

問1 ★★	土工事の埋戻し及び締固めに関する記述として，**不適当なものを2つ選べ。**

1. 透水性のよい山砂を用いた埋戻しでは，水締めで締め固めた。
2. 密な状態に締め固めるには，粒子が均一な川砂が最も適している。
3. 埋戻し土に粘性土を用いるため，余盛りは，砂質土を用いる場合より大きくした。
4. 動的な締固めを行うため，重量のあるロードローラーを使用した。

問2 ★★★	型枠支保工に関する記述として，**不適当なものを2つ選べ。**

1. 支柱にパイプサポートを使用する場合，継手は差込み継手としてはならない。
2. 支柱を継ぐときの本数は，2本までとした。
3. パイプサポートに水平つなぎを設けるため，番線を用いて緊結した。
4. 上下階の支柱は，できるだけ平面上の同一位置になるように設置した。

埋戻し及び締固め（参考→ p.73）

- 埋戻し土には，適度の礫やシルトが混入された山砂が適する。
- 埋戻し土に用いる砂質土は，均等係数が大きいものを使用する。
- 埋戻し土に粘性土を用いる場合，余盛りは，砂質土を用いる場合より大きくする。
- 透水性のよい山砂を用いた場合は，水締めで締め固める。
- 狭い箇所での締固めには，振動コンパクターが適する。
- 静的な締固めにはロードローラー等，動的な締固めには振動ローラー等を用いる。

型枠支保工（参考→ p.93）

- パイプサポートを継ぐ本数は，2本までとする。
- 支柱の継手は，突合せ継手または差込み継手とする。
- パイプサポートに設ける水平つなぎは，番線ではなく，根がらみクランプ等で緊結する。
- 上下階の支柱は，できるだけ平面上の同一位置になるように設置する。
- 軽量型支保梁を受ける梁型枠の支柱にパイプサポートを使用する場合，パイプサポートは2列に設ける。

問1 答 2, 4 ★正しい 2, 4 は，

2 密な状態に締め固めるには，粒度分布のよい山砂が最も適している。

4 動的な締固めには，振動ローラー等を使用する。なお，ロードローラーは，静的な締固め機械である。

問2 答 1, 3 ★正しい 1, 3 は，

1 型枠支保工の継手は，突合せ継手または差込み継手とする。

3 パイプサポートに水平つなぎを設ける場合は，必ず緊結金具（クランプ）を用いて緊結する。

能力 問題	1　躯体

問 3 ★★★	コンクリートの調合に関する記述として，**不適当なものを2つ選べ**。

1. コンクリートに含まれる塩化物量は，原則として塩化物イオン量で 0.35 kg/m³ 以下とする。

2. 調合管理強度は，品質基準強度に構造体強度補正値を加えた値とする。

3. 普通ポルトランドセメントと高炉セメントB種の水セメント比の最大値は同じである。

4. AE減水剤を用いると，所定のスランプを得るのに必要な単位水量を減らすことができる。

問 4 ★★	鉄骨の建方に関する記述として，**不適当なものを2つ選べ**。

1. 溶接継手のエレクションピースに使用する仮ボルトは，普通ボルトを用いて全数締め付けた。

2. 長い部材が揚重中に回転するのを止めるため，吊荷の端部にかいしゃくロープを取り付けた。

3. 玉掛け用ワイヤロープでキンクしたものは，キンクを直してから使用した。

4. 建方精度の測定は，温度の影響を避けるため，早朝の一定時間に実施した。

コンクリートの調合 （参考→ p.97, 99）

- 塩化物は，塩化物イオン量で 0.30 kg/m^3 以下とする。
- スランプは，工場出荷時ではなく，荷卸し地点における値を指定する。
- AE 減水剤を用いると，単位水量を減らすことができる。
- 細骨材率が大きすぎると，単位水量を多く必要とする。
- 乾燥収縮によるひび割れを少なくするためには，細骨材率を小さくする。
- 水セメント比の最大値は，普通ポルトランドセメントと高炉セメント B 種では異なる。

鉄骨の建方 （参考→ p.111）

- エレクションピースに使用する仮ボルトは，高力ボルトを用いて全数締め付ける。
- 建入れ直しには，ターンバックル付き筋かいを用いてはならない。
- 建入れ直し用のワイヤロープは，倒壊防止用ワイヤロープと兼用してもよい。
- 寸法の長い部材の揚重には，かいしゃくロープを補助として用いる。
- キンクしたワイヤロープは，玉掛用として使用してはならない。
- 建方精度の測定は，早朝の一定時間に実施する。

問3 答 1, 3 ★正しい 1, 3 は，

1 コンクリートに含まれる塩化物量は，原則として，塩化物イオン量で 0.30 kg/m^3 以下とする。

3 水セメント比の最大値は，普通ポルトランドセメントが 65 %，高炉セメント B 種が 60 %で異なる。

問4 答 1, 3 ★正しい 1, 3 は，

1 溶接継手のエレクションピースに使用する仮ボルトは，高力ボルトを用いて全数締め付ける。

3 キンクしたワイヤロープは，玉掛け用具として使用してはならない。

能力問題	**2　仕上げ**

問1 ★★	ウレタンゴム系塗膜防水に関する記述として，**不適当**なものを 2 つ選べ。

1. 下地コンクリートの入隅を丸面，出隅を直角に仕上げた。
2. 防水層の施工は，立上り部，平場部の順に施工した。
3. 補強布の張付けは，突付け張りとした。
4. 仕上塗料は，刷毛とローラー刷毛を用いてむらなく塗布した。

問2 ★★★	床のフローリングボード張りに関する記述として，不適当なものを 2 つ選べ。

1. 体育館の壁とフローリングボードの取合いは，隙間が生じないように突き付けた。
2. フローリングボードの下張り用合板は，長手方向が根太と直交するように割り付けた。
3. 下張り用床板は，受材心で突付け継ぎとし，釘の留付け間隔は継手部を 150 mm，中間部は 200 mm とした。
4. 隣り合うフローリングボードの木口の継手位置は，すべて揃えて割り付けた。

ウレタンゴム系塗膜防水

- 下地コンクリートの出隅は通りよく 45°の面取りとし，入隅は通りよく直角とする。
- 通気緩衝シートは突付け張りとし，突付け部分には幅 50 mm 以上のジョイントテープを張り付ける。
- 防水材塗継ぎの重ね幅は 100 mm 以上とし，補強布の重ね幅は 50 mm 以上とする。
- 防水層の施工は，立上り部 → 平たん部の順とする。

体育館用フローリングの工法

- 接着剤を全面塗布した下張り板の上に，隠し釘留めとする。
- 下張りは，板そば，継手（受材心）と突き付け，根太上にタッピンねじ留め等とする。
- 割付けは，下張り板の長手方向と根太が直交する方向に置き，縦れんが張りとする。
- 板の割付けは中央から行い，両端に向けて張り込む。
- 壁際の幅木との取合いは，20 ～ 30 mm のすき間を設ける。

問1 答 1, 3 ★正しい 1, 3 は，

1 下地コンクリートの入隅は直角，出隅は 45°の面取りとする。

3 補強布は重ね張りとし，通気緩衝シートは突付けとする。

問2 答 1, 4 ★正しい 1, 4 は，

1 体育館の壁とフローリングボードの取合いは，20 ～ 30 mm のすき間を設ける。

4 隣り合うフローリングボードの木口の継手位置は，揃わないように割り付け，縦れんが張りとする。

能力問題	**2　仕上げ**

問3 ★★★	壁紙張りに関する記述として，**不適当なもの**を**2つ選べ。**

1. 下地のせっこうボード面にシーラーを全面に塗布したため，壁紙のジョイントは，下敷きを用いないで重ね切りした。
2. 防火材料に認定された壁紙の防火性能は，下地材の種類にかかわらず施工方法との組合せにより決められている。
3. 素地面の見え透くおそれのある壁紙を貼るので，素地面の色違いをシーラーで処理した。
4. 壁紙の表面に付着した接着剤は，張り終わった箇所ごとに清浄な湿布で直ちにふき取った。

問4 ★★★	内装木工事に関する記述として，**不適当なもの**を**2つ選べ。**

1. 造作材の釘打ちに用いる釘の長さは，打ち付ける板材の厚さの 2.5 倍とした。
2. かもいの溝じゃくりは木裏側に行い，溝幅は 21 mm，深さを 15 mm とした。
3. 柱などの角材で両面仕上げとする際の削り代は，5 mm とした。
4. 和式のかもいは，ひねり金物で吊束へ釘打ちとした。

壁紙張り（参考→ p.185）

- シーラーは，下地全面にむらなく塗布する。
- 下地のジョイントと壁紙のジョイントは，重ならないように張り付ける。
- 壁紙のジョイントは，できるだけ突付けとし，やむを得ず重ね裁ちする場合は，下敷きを当てて行う。
- 壁紙の防火性能は，下地材料の種類（不燃材料，不燃せっこうボード，準不燃材料，金属板）と施工方法（直張り，下張り）との組合せにより認定される。

内装木工事（参考→ p.187）

- 釘の長さは，板厚の 2.5 ～ 3 倍とする。
- 角材の削り代は，片面仕上は 3 mm 程度，両面仕上は 5 mm 程度とする。
- かもい，敷居の溝じゃくりは，木表側に行う。
- かもいの取付けは，一方横ほぞ入れ，他方上端 2 箇所釘打ちとする。
- ひねり金物は，垂木を軒桁，母屋に取り付ける場合に使用する。

問3 答 1, 2 ★正しい 1, 2 は，

1　壁紙のジョイントを，やむを得ず重ね切りする場合は，下敷きを当てて行う。
2　壁紙の防火性能は，下地材の種類と施工方法との組合せにより認定されている。

問4 答 2, 4 ★正しい 2, 4 は，

2　かもいの溝じゃくりは，木表側に行う。
4　ひねり金物は，垂木を母屋，軒桁，棟木などに取り付けるための金物である。

2
仕上げ

2級 建築施工管理技術検定

第二次検定

| 法規 | **1　建設業法** |

次の 1. 及び 2. の各法文において，□□□ に当てはまる正しい語句又は数値を，下の該当する枠内から 1 つ選びなさい。

1. 建設業法（現場代理人の選任等に関する通知）

第 19 条の 2　請負人は，請負契約の履行に関し工事現場に現場代理人を置く場合においては，当該現場代理人の ① に関する事項及び当該現場代理人の行為についての ② の請負人に対する意見の申出の方法（第 3 項において「現場代理人に関する事項」という。）を，書面により ② に通知しなければならない。

①	1　義務	2　職務	3　権限	4　権利
②	1　発注者	2　設計者	3　元請負人	4　注文者

2. 建設業法（主任技術者及び監理技術者の職務等）

第 26 条の 4　主任技術者及び監理技術者は，工事現場における建設工事を適正に実施するため，当該建設工事の ③ 計画の作成，④ 管理，品質管理その他の技術上の管理及び当該建設工事の施工に従事する者の技術上の指導監督の職務を誠実に行わなければならない。

③	1　実施	2　施工	3　管理	4　基本
④	1　安全	2　工程	3　原価	4　労務

答

1.　①3　②4

第19条の2　請負人は，請負契約の履行に関し工事現場に現場代理人を置く場合においては，当該現場代理人の権限に関する事項及び当該現場代理人の行為についての注文者の請負人に対する意見の申出の方法（第3項において「現場代理人に関する事項」という。）を，書面により注文者に通知しなければならない。

2.　③2　④2

第26条の4　主任技術者及び監理技術者は，工事現場における建設工事を適正に実施するため，当該建設工事の施工計画の作成，工程管理，品質管理その他の技術上の管理及び当該建設工事の施工に従事する者の技術上の指導監督の職務を誠実に行わなければならない。

関 連 法 文

建設業法

（下請代金の支払）

第24条の3　元請負人は，請負代金の出来形部分に対する支払又は工事完成後における支払を受けたときは，当該支払の対象となった建設工事を施工した下請負人に対して，当該元請負人が支払を受けた金額の出来形に対する割合及び当該下請負人が施工した出来形部分に相応する下請代金を，当該支払を受けた日から1月以内で，かつ，できる限り短い期間内に支払わなければならない。

（検査及び引渡し）

第24条の4　元請負人は，下請負人からその請け負った建設工事が完成した旨の通知を受けたときは，当該通知を受けた日から20日以内で，かつ，できる限り短い期間内に，その完成を確認するための検査を完了しなければならない。

法規　2　建築基準法

次の法文において，□□□に当てはまる正しい語句又は数値を，下の該当する枠内から１つ選びなさい。

1. 建築基準法（工事現場における確認の表示等）

　　第89条　第6条第1項の建築，大規模の修繕又は大規模の模様替の工事の施工者は，当該工事現場の見易い場所に，国土交通省令で定める様式によって，建築主，設計者，工事施工者及び工事の□①□の氏名又は名称並びに当該工事に係る同項の□②□があった旨の表示をしなければならない。

①	1 請負人　　2 作業主任者　　3 現場代理人 4 現場管理者
②	1 許可　　　2 承認　　　3 確認　　　4 申請

答

1.　①4　②3

第89条　第6条第1項の建築，大規模の修繕又は大規模の模様替の
　　工事の施工者は，当該工事現場の見易い場所に，国土交通省令で
　　定める様式によって，建築主，設計者，工事施工者及び工事の現
　　場管理者の氏名又は名称並びに当該工事に係る同項の確認があっ
　　た旨の表示をしなければならない。

関　連　法　文

建築基準法施行令

（根切り工事，山留め工事等を行う場合の危害の防止）

第136条の3　建築工事等において根切り工事，山留め工事，ウェル工事，
　　ケーソン工事その他基礎工事を行なう場合においては，あらかじめ，地下
　　に埋設されたガス管，ケーブル，水道管及び下水道管の損壊による危害
　　の発生を防止するための措置を講じなければならない。

2　（略）

3　建築工事等において建築物その他の工作物に近接して根切り工事その
　　他土地の掘削を行なう場合においては，当該工作物の基礎又は地盤を補
　　強して構造耐力の低下を防止し，急激な排水を避ける等その傾斜又は倒
　　壊による危害の発生を防止するための措置を講じなければならない。

4　建築工事等において深さ1.5 m以上の根切り工事を行なう場合におい
　　ては，地盤が崩壊するおそれがないとき，及び周辺の状況により危害防止
　　上支障がないときを除き，山留めを設けなければならない。この場合にお
　　いて，山留めの根入れは，周辺の地盤の安定を保持するために相当な深
　　さとしなければならない。

5　（略）

6　建築工事等における根切り及び山留めについては，その工事の施工中
　　必要に応じて点検を行ない，山留めを補強し，排水を適当に行なう等これ
　　を安全な状態に維持するための措置を講ずるとともに，矢板等の抜取りに
　　際しては，周辺の地盤の沈下による危害を防止するための措置を講じなけ
　　ればならない。

2

建築基準法

法規	**3　労働安全衛生法**

問 ★★★	次の1. 及び2. の各法文において，□に当てはまる正しい語句又は数値を，下の該当する枠内から1つ選びなさい。

1. 労働安全衛生法（安全衛生教育）

第60条　事業者は，その事業場の業種が政令で定めるものに該当するときは，新たに職務につくこととなった　①　その他の作業中の　②　を直接指導又は監督する者（作業主任者を除く。）に対し，次の事項について，厚生労働省令で定めるところにより，安全又は衛生のための教育を行なわなければならない。

①	1　労働者	2　管理者	3　監督者	4　職長
②	1　関係者	2　労働者	3　技術者	4　従業者

2. 労働安全衛生法（就業制限）

第61条　事業者は，クレーンの運転その他の業務で，政令で定めるものについては，都道府県労働局長の当該業務に係る　③　を受けた者又は都道府県労働局長の登録を受けた者が行う当該業務に係る　④　講習を修了した者その他厚生労働省令で定める資格を有する者でなければ，当該業務に就かせてはならない。

③	1　許可	2　免許	3　認可	4　承認
④	1　監理	2　技能	3　安全	4　技術

答

1.　① 4　② 2

第 60 条　事業者は，その事業場の業種が政令で定めるものに該当するときは，新たに職務につくこととなった<u>職長</u>その他の作業中の<u>労働者</u>を直接指導又は監督する者（作業主任者を除く。）に対し，次の事項について，厚生労働省令で定めるところにより，安全又は衛生のための教育を行なわなければならない。

　1　作業方法の決定及び労働者の配置に関すること。

　2　労働者に対する指導又は監督の方法に関すること。

　3　前 2 号に掲げるもののほか，労働災害を防止するため必要な事項で，厚生労働省令で定めるもの

2.　③ 2　④ 2

第 61 条　事業者は，クレーンの運転その他の業務で，政令で定めるものについては，都道府県労働局長の当該業務に係る<u>免許</u>を受けた者又は都道府県労働局長の登録を受けた者が行う当該業務に係る<u>技能</u>講習を修了した者その他厚生労働省令で定める資格を有する者でなければ，当該業務に就かせてはならない。

関 連 法 文

労働安全衛生法

（作業主任者）

第 14 条　事業者は，高圧室内作業その他の労働災害を防止するための管理を必要とする作業で，政令で定めるものについては，都道府県労働局長の免許を受けた者又は都道府県労働局長の登録を受けた者が行う<u>技能</u>講習を修了した者のうちから，厚生労働省令で定めるところにより，当該作業の区分に応じて，<u>作業</u>主任者を選任し，その者に当該作業に従事する労働者の指揮その他の厚生労働省令で定める事項を行わせなければならない。

受検
種別

1　建築

問
★★

次の 1. から 8. の各記述において，□ に当ては
まる正しい語句又は数値を，下の該当する枠内から 1 つ選
びなさい。

1. 一般に 1 階床の基準墨は，上階の基準墨の基になるので特に正
確を期す必要がある。2 階より上では，通常建築物の四隅の床に小さ
な穴を開けておき，□①□ により 1 階から上階に基準墨を上げてい
く。この作業を墨の引通しという。

①	1 自動レベル　　2 さしがね　　3 下げ振り　　4 箱尺

2. 透水性の悪い山砂を埋戻し土に用いる場合の締固めは，建物躯体等
のコンクリート強度が発現していることを確認のうえ，厚さ □②□
mm 程度ごとにローラーやタンパーなどで締め固める。

②	1 200　　2 300　　3 400　　4 600

3. 鉄筋の継手は，硬化したコンクリートとの付着により鉄筋の応力
を伝達する □③□ 継手と，鉄筋の応力を直接伝達するガス圧接継
手や溶接継手などに大別される。

③	1 重ね　　2 突合せ　　3 接着　　4 機械式

答

1.　①　3

　　一般に1階床の基準墨は，上階の基準墨の基になるので特に正確を期す必要がある。2階より上では，通常建築物の四隅の床に小さな穴を開けておき，<u>下げ振り</u>により1階から上階に基準墨を上げていく。この作業を墨の引通しという。

2.　②　2

　　透水性の悪い山砂を埋戻し土に用いる場合の締固めは，建物躯体等のコンクリート強度が発現していることを確認のうえ，厚さ <u>300</u> mm 程度ごとにローラーやタンパーなどで締め固める。

3.　③　1

　　鉄筋の継手は，硬化したコンクリートとの付着により鉄筋の応力を伝達する<u>重ね</u>継手と，鉄筋の応力を直接伝達するガス圧接継手や溶接継手などに大別される。

1
建築

関 連 項 目

縄張り	建築物の外周と内部の主要な間仕切の中心線上に、縄などを張って建築物の位置を地面に表すこと。
遣方	建築物の位置や水平の基準を明確にするために設けるもの。
墨出し	建築物各部の位置や高さの基準を，建築物の所定の位置に表示すること。
逃げ墨	基準墨を打つことができない場合に，そこから離れた場所に打つ補助の墨。
鉄筋相互のあき	粗骨材の最大寸法の 1.25 倍，25 mm 及び隣り合う鉄筋の平均径の 1.5 倍のうち最大のもの以上。
鉄筋の間隔	鉄筋相互のあきに，鉄筋の最大外径を加えたもの。

4. 鉄骨のアンカーボルトに二重ナットを使用する場合，一般にボルト上部の出の高さは，ナット締め後のネジ山がナット面から ④ 以上とする。

| ④ | 1 1山 | 2 2山 | 3 3山 | 4 4山 |

5. アスファルト防水において，立上りのルーフィング類を平場と別に張り付ける場合，平場と立上りのルーフィング類は，重ね幅を ④ mm 以上とって張り重ねる。

| ⑤ | 1 100 | 2 150 | 3 200 | 4 300 |

6. 外壁の陶磁器質タイルを密着張りとする場合，張付けモルタルを塗り付けた後，タイルを ⑥ から一段おきに水糸に合わせて張り付け，その後，その間を埋めていくように張り付ける。

| ⑥ | 1 上部 | 2 下部 | 3 端部 | 4 中央部 |

7. 塗装工事において，塗膜が平らに乾燥せず，ちりめん状あるいは波形模様の凹凸を生じる現象を ⑦ といい，厚塗りによる上乾きの場合などに起こりやすい。

| ⑦ | 1 だれ | 2 しわ | 3 はじき | 4 かぶり |

8. 内装工事で使用される ⑦ せっこうボードは，両面のボード用原紙と心材のせっこうに防水処理を施したもので，屋内の台所や洗面所などの壁や天井の下地材として使用される。

| ⑧ | 1 構造用 | 2 強化 | 3 化粧 | 4 シージング |

答

4.　④　3

　鉄骨のアンカーボルトに二重ナットを使用する場合，一般にボルト上部の出の高さは，ナット締め後のネジ山がナット面から3山以上とする。

5.　⑤　2

　アスファルト防水において，立上りのルーフィング類を平場と別に張り付ける場合，平場と立上りのルーフィング類は，重ね幅を150mm 以上とって張り重ねる。

6.　⑥　1

　外壁の陶磁器質タイルを密着張りとする場合，張付けモルタルを塗り付けた後，タイルを上部から一段おきに水糸に合わせて張り付け，その後，その間を埋めていくように張り付ける。

7.　⑦　2

　塗装工事において，塗膜が平らに乾燥せず，ちりめん状あるいは波形模様の凹凸を生じる現象をしわといい，厚塗りによる上乾きの場合などに起こりやすい。

8.　⑧　4

　内装工事で使用されるシージングせっこうボードは，両面のボード用原紙と心材のせっこうに防水処理を施したもので，屋内の台所や洗面所などの壁や天井の下地材として使用される。

関 連 項 目

| 型板ガラス | 外部建具に用いる場合，型模様面を，一般に室内側にして取り付ける。 |
| 大理石 | 壁の仕上げ材に用いる場合の仕上げは本磨き，床に用いる場合は水磨きとすることが多い。 |

受検
種別

2　躯体

問
★★

次の1. から4. の各記述において， □ に当てはまる最も適当な語句又は数値を，下の該当する枠内から1つ選びなさい。

1.　土工事において，軟弱な粘土質地盤を掘削する場合に，根切り底面付近の地盤が山留壁の背面から回り込むような状態で膨れ上がる現象を ① という。

　　また，砂質地盤を掘削する場合に，根切り底面付近の砂質地盤に上向きの浸透流が生じ，この水流によって砂が沸騰したような状態で根切り底を破壊する現象を ② という。

①	1　ボイリング	2　ヒービング	3　液状化	4　盤ぶくれ
②	1　ボイリング	2　ヒービング	3　液状化	4　盤ぶくれ

2.　鉄筋（SD 345）のガス圧接継手において，同径の鉄筋を圧接する場合，圧接部のふくらみの直径は鉄筋径dの1.4倍以上とし，かつ，その長さを鉄筋径dの ③ 倍以上とする。

　　また，圧接面のずれは鉄筋径dの $\frac{1}{4}$ 以下，圧接部における鉄筋の中心軸の偏心量は鉄筋径dの ④ 以下，圧接部の折曲がりは2度以下，片ふくらみは鉄筋径dの $\frac{1}{5}$ 以下とする。

③	1　1.1	2　1.2	3　1.3	4　1.4
④	1　$\frac{1}{2}$	2　$\frac{1}{3}$	3　$\frac{1}{4}$	4　$\frac{1}{5}$

答

1. ① 2　　② 1

　土工事において，軟弱な粘土質地盤を掘削する場合に，根切り底面付近の地盤が山留壁の背面から回り込むような状態で膨れ上がる現象をヒービングという。

　また，砂質地盤を掘削する場合に，根切り底面付近の砂質地盤に上向きの浸透流が生じ，この水流によって砂が沸騰したような状態で根切り底を破壊する現象をボイリングという。

2. ③ 1　　④ 4

　鉄筋（SD 345）のガス圧接継手において，同径の鉄筋を圧接する場合，圧接部のふくらみの直径は鉄筋径 d の 1.4 倍以上とし，かつ，その長さを鉄筋径 d の 1.1 倍以上とする。

　また，圧接面のずれは鉄筋径 d の $\dfrac{1}{4}$ 以下，圧接部における鉄筋の中心軸の偏心量は鉄筋径 d の $\dfrac{1}{5}$ 以下，圧接部の折曲がりは 2 度以下，片ふくらみは鉄筋径 d の $\dfrac{1}{5}$ 以下とする。

関 連 項 目

束立て小屋組 （つかだて）	小屋梁を約 1,800 mm 間隔にかけ，その上に約 900 mm 間隔に小屋束を立て，小屋束で棟木や母屋などを支える小屋組。
セメントミルク工法	杭径が 300 ～ 500 mm の場合は，杭径よりも 100 mm 程度大きいオーガーヘッドを使用する。
合板型枠	締付け金物を締めすぎると、内端太、外端太が内側に押され、せき板が内側に変形する。
鉄筋のかぶり厚さ	原則として，柱または梁にあっては 30 mm 以上，床にあっては 20 mm 以上とする。

2
躯体

3. コンクリート工事において，公称棒径 45 mm の棒形振動機を締固めに用いる場合，コンクリートの１層の打込み厚さは，棒形振動機部分の長さである 60 ～ 80cm 以下とし，棒形振動機の挿入間隔は ⑤ cm 以下とする。

　また，棒形振動機は，コンクリート表面にセメントペーストが浮き上がる時まで加振し，加振時間は１箇所当り 5 ～ ⑥ 秒程度とするのが一般的である。

⑤	1　30	2　40	3　60	4　80
⑥	1　10	2　15	3　20	4　30

4. 鉄骨工事におけるトルシア形高力ボルトを使用する接合部の組立てにおいて，接合部の材厚の差などにより，接合部に ⑦ mm を超える肌すきがある場合には，フィラープレートを用いて肌すきを埋める。

　締付け後の検査は，一次締付け後に付けたマーキングのずれやピンテールの破断などを確認し，ナットの回転と共にボルトや座金も一緒に回転する ⑧ を生じているボルトは，新しいボルトセットと交換する。

⑦	1　0.5	2　1.0	3　1.5	4　2.0
⑧	1　軸回り	2　逆回り	3　共回り	4　両回り

答

3. ⑤ 3　　⑥ 2

　コンクリート工事において，公称棒径 45 mm の棒形振動機を締固めに用いる場合，コンクリートの1層の打込み厚さは，棒形振動機部分の長さである 60 ~ 80 cm 以下とし，棒形振動機の挿入間隔は 60 cm 以下とする。

　また，棒形振動機は，コンクリート表面にセメントペーストが浮き上がる時まで加振し，加振時間は1箇所当り5 ~ 15 秒程度とするのが一般的である。

4. ⑦ 2　　⑧ 3

　鉄骨工事におけるトルシア形高力ボルトを使用する接合部の組立てにおいて，接合部の材厚の差などにより，接合部に 1.0 mm を超える肌すきがある場合には，フィラープレートを用いて肌すきを埋める。

　締付け後の検査は，一次締付け後に付けたマーキングのずれやピンテールの破断などを確認し，ナットの回転と共にボルトや座金も一緒に回転する共回りを生じているボルトは，新しいボルトセットと交換する。

関 連 項 目

コンクリートの練混ぜから打込み終了までの時間限度	外気温が 25℃以下 ⇒ 120 分 外気温が 25℃超 ⇒ 90 分
コンクリートの打重ね時間の限度	外気温が 25℃以下 ⇒ 120 分 外気温が 25℃超 ⇒ 90 分
ベースモルタルの後詰め中心塗り工法	ベースプレートの面積が大きく，全面をベースモルタルに密着させることが困難な場合に用いられる。

2
躯体

受検
種別

3　仕上げ

問
★★

次の 1. から 4. の各記述 において，□ に当ては
まる最も適当な語句又は数値を，下の該当する枠内から
1つ選びなさい。

1.　改質アスファルトシート防水トーチ工法において，改質アスファル
トシートの張付けは，トーチバーナーで改質アスファルトシートの
　□①□ 及び下地を均一にあぶり，□①□ の改質アスファルトシートを
溶融させながら均一に押し広げて密着させる。改質アスファルトシー
トの重ねは，2層の場合，上下の改質アスファルトシートの接合部が
重ならないように張り付ける。
　出隅及び入隅は，改質アスファルトシートの張付けに先立ち，幅
　□②□ mm 程度の増張りを行う。

①	1 表面	2 裏面	3 両面	4 小口面
②	1 100	2 150	3 200	4 250

答

1. ①　2　　②　3

　改質アスファルトシート防水トーチ工法において，改質アスファルトシートの張付けは，トーチバーナーで改質アスファルトシートの<u>裏面</u>及び下地を均一にあぶり，<u>裏面</u>の改質アスファルトシートを溶融させながら均一に押し広げて密着させる。改質アスファルトシートの重ねは，2層の場合，上下の改質アスファルトシートの接合部が重ならないように張り付ける。

　出隅及び入隅は，改質アスファルトシートの張付けに先立ち，幅<u>200</u> mm 程度の増張りを行う。

関　連　項　目

立上りと平場のルーフィング類の張付け	立上りのルーフィング類を平場と別に張り付ける場合は，平場のルーフィング類を張り付けた後，その上に 150 mm 以上張り掛ける。
防水上不具合のある箇所への張付け	コンクリート打継ぎ部及びひび割れ部は，平場のアスファルトルーフィング類の張付けに先立ち，幅 50mm 程度の絶縁用テープを張った上に，幅 300 mm 以上のストレッチルーフィングを増張りする。
有機系接着剤によるタイル後張り	裏あしのあるタイルを，接着剤にくし目を立てて張る場合は，くし目ごてを使用して壁面に対して 60°の角度を保ってくし目を立て，くし目の方向は，タイルの裏あしに対して直交または斜め方向となるようにする。
タイル接着力試験	試験体のタイルの目地部分をダイヤモンドカッターでコンクリート面まで切り込みを入れ，周囲と絶縁した後，引張試験を行い，引張接着強度と破壊状況を確認する。

3
仕上げ

2. 軽量鉄骨天井下地において，鉄筋コンクリート造の場合，吊りボルトの取付けは，埋込みインサートにねじ込んで固定する。野縁の吊下げは，取り付けられた野縁受けに野縁を ③ で留め付ける。

　平天井の場合，目の錯覚で天井面が下がって見えることがあるため，天井下地の中央部を基準レベルよりも吊り上げる方法が行われている。この方法を ④ といい，室内張りのスパンに対して $\dfrac{1}{500}$ から $\dfrac{1}{1000}$ 程度が適当とされている。

③	1 ビス	2 溶接	3 クリップ	4 ハンガー
④	1 そり	2 むくり	3 たわみ	4 テーパー

3. 重ね形折板を用いた折板葺においては，折板をタイトフレームに固定した後，折板の重ね部を ⑤ mm 程度の間隔で緊結ボルト止めを行う。

　軒先の水切れを良くするために ⑥ を付ける場合は，つかみ箸等で軒先先端の溝部分を 15°程度折り下げる。

⑤	1 300	2 500	3 600	4 900
⑥	1 雨垂れ	2 尾垂れ	3 雨押え	4 止水面戸

答

2.　③　3　　④　2

　軽量鉄骨天井下地において，鉄筋コンクリート造の場合，吊りボルトの取付けは，埋込みインサートにねじ込んで固定する。野縁の吊下げは，取り付けられた野縁受けに野縁をクリップで留め付ける。

　平天井の場合，目の錯覚で天井面が下がって見えることがあるため，天井下地の中央部を基準レベルよりも吊り上げる方法が行われている。この方法をむくりといい，室内張りのスパンに対して $\dfrac{1}{500}$ から $\dfrac{1}{1000}$ 程度が適当とされている。

3.　⑤　3　　⑥　2

　重ね形折板を用いた折板葺においては，折板をタイトフレームに固定した後，折板の重ね部を 600 mm 程度の間隔で緊結ボルト止めを行う。

　軒先の水切れを良くするために尾垂れを付ける場合は，つかみ箸等で軒先先端の溝部分を 15°程度折り下げる。

関　連　項　目

軽量鉄骨壁下地	コンクリートの床，梁下及びスラブ下に固定するランナーは，両端部から 50 mm 内側をそれぞれ固定し，中間部は 900 mm 程度の間隔で固定する。
重ね形折板の取付け	折板は各山ごとにタイトフレームに固定ボルト締めとし，折板の流れ方向の重ね部を緊結するボルトの間隔は，600 mm 程度とする。
止水面戸	折板葺において，折板の水上には，先端部に雨水を止めるために止水面戸を設け，ポンチング等で固定する。

4. 床カーペット敷きにおいて，　⑦　カーペットをグリッパー工法で敷き込む場合，張り仕舞いは，ニーキッカー又はパワーストレッチャーを用い，カーペットを伸展しながらグリッパーに引っ掛け，端はステアツールを用いて溝に巻き込むように入れる。

　グリッパーは，壁際からの隙間をカーペットの厚さの約　⑧　とし，壁周辺に沿って均等にとり，釘又は接着剤で取り付ける。

⑦	1　ウィルトン	2　ニードルパンチ	3　コード	4　タイル
⑧	1　$\dfrac{1}{2}$	2　$\dfrac{1}{3}$	3　$\dfrac{2}{3}$	4　$\dfrac{1}{4}$

答

4.　⑦　1　　⑧　3

　床カーペット敷きにおいて，<u>ウィルトン</u>カーペットをグリッパー工法で敷き込む場合，張り仕舞いは，ニーキッカー又はパワーストレッチャーを用い，カーペットを伸展しながらグリッパーに引っ掛け，端はステアツールを用いて溝に巻き込むように入れる。

　グリッパーは，壁際からの隙間をカーペットの厚さの約 $\dfrac{2}{3}$ とし，壁周辺に沿って均等にとり，釘又は接着剤で取り付ける。

関　連　項　目

塗装工事の 吹付け塗り	スプレーガンを塗装面から 30 cm 程度離した位置で，塗装面に対して直角に向け，平行に動かし塗料を噴霧する。
塗装工事の ローラーブラシ塗り	入隅など塗りにくい部分は，小ばけか専用ローラーを用いて他の部分より前に塗り付ける。
セッティング ブロック	建具下辺のガラス溝内に置き，ガラスの自重を支え，建具とガラス小口との接触を防止し，かつ適当なエッジクリアランスとかかり代を確保することを目的とする。
せっこうボード 壁下地	せっこうボード 1 枚張りの壁の場合，スタッドの間隔は 300 mm 程度とし，スタッドは上下ランナーに差し込み，半回転させて取り付ける。
フローリング ボード張り	下張り用合板の上に，接着剤を併用してフローリングボードを釘打ちで張り込む場合，張込みに先立ってフローリングボードの割り付けを行い，接着剤を下張り用合板に塗布して，雄ざねの付け根から隠し釘留めとする。
塩化ビニル系床 シートの 熱溶接工法	床シートの溶接部は，床シート厚さの $\dfrac{1}{2} \sim \dfrac{2}{3}$ 程度の深さで V 字又は U 字に溝を切り，熱溶接機を用いて床シートと溶接棒を同時に溶融させて，余盛りができる程度に加圧しながら溶接する。

3
仕上げ

記述 問題	**1　施工経験記述**

問題例 ★★★	あなたが経験した**建築工事**のうち，**施工の計画**を行った工事を１つ選び，工事概要を具体的に記述したうえで，次の1. から2. の問いに答えなさい。 　なお，**建築工事**とは，建築基準法に定める建築物に係る工事とし，建築設備工事を除くものとする。

〔工事概要〕

イ．工事名

ロ．工事場所

ハ．工事の内容

　　新築等の場合　：建物用途，構造，階数，延べ面積又は施工数量，主な外部仕上げ，主要室の内部仕上げ

　　改修等の場合　：建物用途，建物規模，主な改修内容及び施工数量

ニ．工期等

　　工期又は工事に従事した期間を年号又は西暦で年月まで記入

ホ．あなたの立場

ヘ．あなたの業務内容

1. 工事概要であげた工事であなたが担当した工種において，施工の計画時に着目した項目を①の中から異なる**3つ**を選び，②から④について具体的に記述しなさい。

　　ただし，②の工種名は同一の工種名でもよいが，③及び④はそれぞれ異なる内容を記述するものとする。また，コストについてのみ記述したものは不可とする。

① **着目した項目**

　a　施工方法又は作業方法

　b　資材の搬入又は荷揚げの方法

　c　資材の保管又は仮置きの方法

　d　施工中又は施工後の養生の方法（ただし，労働者の安全に関する養生は除く）

　e　試験又は検査の方法

② **工種名**

③ **現場の状況**と施工の計画時に**検討したこと**

④ 施工の計画時に**検討した理由**と**実施したこと**

2. 工事概要にあげた工事及び受検種別にかかわらず，あなたの今日までの工事経験を踏まえて，「**品質低下の防止**」及び「**工程遅延の防止**」について，それぞれ①及び②を具体的に記述しなさい。

　　ただし，1.③及び④と同じ内容の記述は不可とする。

① 施工の計画時に**検討すること**とその**理由**

② **防止対策**とそれに対する**留意事項**

施工経験の記述ガイド

第二次検定の問題 1 では，施工計画，工程管理，品質管理について，自分が経験した建築工事の概要と，それぞれの管理項目などに関する具体的な記述が求められる。

ここでは，〔**工事概要**〕の書き方について，アドバイスをしよう。

〔工事概要〕

イ．工事名

工事名は，固有名詞を入れて，具体的に記述する。

例　○○マンション新築工事

　　　××ビル改修工事

ロ．工事場所

工事場所は，建築工事が行われた場所の住所も具体的に記述する。

例　○○県××市△△町□丁目□番－□

ハ．工事の内容

工事の内容は，問題文に掲げられている各項目について，具体的に記述する。

例　**新築等の場合**

建物用途：共同住宅，事務所，ホテル，病院，学校，倉庫等，建築基準法で定められている用途で記入する。

構造：鉄筋コンクリート造

　　　鉄骨造

　　　木造　等

階数：地下 1 階，地上 5 階，塔屋 1 階　等

延べ面積：23,850 m^2　等

施工数量：躯体施工　鉄筋 56 t

　　　　　　　　　コンクリート 450 m^3　等

　　　　　仕上施工　アスファルト防水 180 m^2

　　　　　　　　　タイル張り 320 m^2　等

主な外部仕上げ：コンクリート打放し

　　　　　　　　吹付タイル　等

主要室の内部仕上げ：床　フローリング張り

壁　ビニルクロス張り

天井　ロックウール吸音板張り　等

改修等の場合

建物規模：構造，階数，延べ面積等を記入する。

主な改修内容：耐震改修

屋上塗膜防水改修　等

施工数量：ビニル床タイル改修 1,200 m^2

柱補強 60 箇所　等

ニ．工期

工期は，年号または西暦で記入し，専門工事部分を担当した場合は，「全体の工期（担当した工期）」のように記入する。

例　○○年○月～××年×月（○○年△月～○○年□月）

ホ．あなたの立場

指導監督者としての立場を記入する。

例　工事主任，現場主任，現場代理人，現場監督，主任技術者，発注者

監督員　等

ヘ．あなたの業務内容

工事監理にかかわる業務内容を記入する。

例　施工管理全般，施工計画の作成，工程管理　等

施工経験記述攻略のポイント！

施工経験記述の問題は，施工計画 → 工程管理 → 品質管理のサイクルで出題されている。自分が受検する年度が，どの出題順に当たるかを確認して，しっかり準備しよう。

施工計画では，施工方法または作業方法，資材の搬入または荷揚げの方法，資材の保管または仮置きの方法，施工中または施工後の養生の方法について，検討した内容とその理由を押さえておこう。

工程管理では，工事を遅延させる要因とその理由，遅延させないための対策とその理由を押さえよう。

品質管理では，品質確保のための留意したこととその理由，不具合の発生理由とその対策などを押さえよう。

記述問題

2　工程表と出来高表

問 ★★★

　鉄骨造3階建て事務所ビルの**建築工事**における次ページの工程表と次々ページ（318ページ）の出来高表に関し，次の1.から4.の問いに答えなさい。

　工程表は，工事着手時点のものであり，予定出来高曲線を破線で表示している。

　また，出来高表は，4月末時点のものを示している。

　ただし，工程表には，**外壁工事**における押出成形セメント板取付けの工程は未記入であり，出来高表には，総工事金額の月別出来高及び押出成形セメント板の出来高は記載していない。

[工事概要]

用　　　途：事務所

構造・規模：鉄骨造　地上3階建て　延べ面積470m²

地　　　業：既製コンクリート杭

山　留　め：自立山留め

鉄　骨工事：建方は，移動式クレーンで行う。
　　　　　　耐火被覆は，耐火材巻付け工法，外周部は合成工法

仕　上　げ：屋根は，アスファルト露出断熱防水
　　　　　　外壁は，押出成形セメント板（ECP）張り，耐候性塗料塗り
　　　　　　内装は，壁，天井は軽量鉄骨下地せっこうボード張り
　　　　　　床はOAフロアー，タイルカーペット仕上げ

1. 工程表の土工事の Ⓐ，鉄骨工事の Ⓑ，内装工事の Ⓒ に該当する作業名を記入しなさい。
2. 外壁工事の押出成形セメント板取付け終了日を月次と旬日で定めて記入しなさい。
   ただし，解答の旬日は，上旬，中旬，下旬とする。
3. 出来高表から，2月末までの実績出来高の累計を金額で記入しなさい。
4. 出来高表から，総工事金額に対する4月末までの実績出来高の累計をパーセントで記入しなさい。

工程表

工種 ＼ 月次	1月	2月	3月	4月	5月	6月	%
仮 設 工 事	準備工事	建方用鉄板敷き	外部足場組立	外部足場解体		清掃	100
土 工 事	自立山留め　砂利・捨コンクリート　Ⓐ	埋戻し	1F床下砂利・捨コンクリート				
地 業 工 事	PHC杭打込み						90
鉄筋・型枠コンクリート工事		基礎・地中梁	2F床 RF床　1F床 3F床 パラペット				80
鉄 骨 工 事		Ⓑ	デッキプレート敷き　鉄骨建方・本締め スタッド溶接 耐火被覆		予定出来高曲線		70
防 水 工 事			外部シール	屋根防水	内部シール		60
外 壁 工 事				耐候性塗料塗り			50
建 具 工 事			外部サッシ取付け (ガラス共)	内部建具取付け			40
金 属 工 事			壁・天井軽量鉄骨下地組	アルミ笠木取付け			30
内 装 工 事				壁ボード張り	Ⓒ OAフロアー	床仕上げ	20
塗 装 工 事					壁塗装仕上げ		10
設 備 工 事		電気・給排水・空調設備					0
検 査		中間検査				検査	

出来高表

工　　　　　種	工事金額	予定 実績	1月	2月	3月	4月	5月	6月
仮　設　工　事	750	予定	50	200	200	50	150	100
		実績	50	200	200	50		
土　　工　　事	600	予定	400	120	80			
		実績	400	120	80			
地　業　工　事	200	予定	200					
		実績	200					
鉄筋・型枠 コンクリート工事	900	予定	200	300	400			
		実績	200	350	350			
鉄　骨　工　事	950	予定		270	500	180		
		実績		280	490	180		
防　水　工　事	200	予定				150		50
		実績				150		
外　壁　工　事	600	予定				100		
		実績				100		
建　具　工　事	520	予定				420	100	
		実績				400		
金　属　工　事	200	予定				200		
		実績				200		
内　装　工　事	1,000	予定					350	650
		実績						
塗　装　工　事	180	予定					120	60
		実績						
設　備　工　事	1,400	予定	50	100	100	650	300	200
		実績	50	100	100	500		
総　工　事　金　額	7,500	予定						
		実績						

答

1. Ⓐ　根切り　Ⓑ　アンカーボルト設置　Ⓒ　天井ボード張り

Ⓐ　土工事では，自立山留めの設置後，杭の打込みが終わったら，<u>根切り</u>を行う。

Ⓑ　鉄骨工事では，基礎・地下躯体の構築中に<u>アンカーボルト</u>を設置する。

Ⓒ　内装工事では，壁と天井の軽量鉄骨下地が組み上がったら，壁ボード張りを先行し，続いて<u>天井ボード</u>を張る。

2. 3月下旬

外壁工事の押出成形セメント板の取付けは，パラペット（屋上の胸壁）の構築後，外部シールの施工前に行うため，<u>3月下旬</u>が工期となる。

3. 1,950万円

1月の実績出来高の合計は，50 + 400 + 200 + 200 + 50 = 900万円，2月の実績出来高の合計は，200 + 120 + 350 + 280 + 100 = 1,050万円である。したがって，2月末までの実績出来高の累計は，両者をたして，<u>1,950万円</u>となる。

4. 70%

出来高表には，外壁工事における押出成形セメント板取付けの出来高が記載されていない。外壁工事の工事金額は600万円であり，4月の金額100万円を差しひくと，3月の押出成形セメント板取付けの工事金額は500万円となる。

この500万円を加えた3月の実績出来高の合計は1,720万円，4月の実績出来高の合計は1,580万円であり，これに上記2月末までの累計1,950万円を加えると，4月末までの実績出来高の累計は5,250万円となる。

総工事金額は7,500万円なので，5,250 ÷ 7,500 × 100 = <u>70%</u>となる。

2

工程表と出来高表

| 記述問題 | **3　用語** |

　建築工事に関する用語の問題では，一覧表に示された 14 の用語の中から 5 つを選び，その用語の説明と施工上留意すべきことを具体的に記述することが求められる。

　ここでは，よく取り上げられる用語を解説する。

用　語		説明と施工上の留意点
足場の手すり先行工法	説明	足場の組立て時に，作業床の端に適切な手すりを先行して設置し，作業床を取り外すまで存置する工法。
	留意点	足場の組立て等の作業を行う区域内には，関係労働者以外の立入を禁止する。
親綱	説明	足場等において，要求性能墜落制止用器具を取り付けるために設置するロープ。
	留意点	ロープに切り傷，著しい磨耗，溶断等の損傷があるものは使用しない。
コンクリート壁の誘発目地	説明	コンクリート壁面に，ひび割れを誘発させるために設ける目地。
	留意点	誘発目地の間隔は，コンクリート部材の高さの 1 〜 2 倍程度とする。
ジェットバーナー仕上げ	説明	石の表面をバーナーで加熱し，それを急冷させることにより，表面の一部をはく離させ，均一な仕上げにするもの。
	留意点	ひび割れが生じないよう，加熱時間，水の散布量を調整する。

天井インサート	説明	天井の吊りボルトを受ける金物。
	留意点	インサートの間隔は 900 mm 程度とし，周辺部は端から 150 mm 以内とする。
土工事における釜場	説明	根切り底面へ浸透してきた水を集め，ポンプで排水するための集水場所。
	留意点	水の湧出量が多い場合は，ディープウェルやウェルポイントを検討する。
腹筋	説明	鉄筋コンクリートの梁せいが大きい場合に，あばら筋の変形を防ぐため，主筋と平行に配置される鉄筋。
	留意点	腹筋に継手を設ける場合の継手長さは，150 mm 程度とする。
ビニル床シート熱溶接工法	説明	ビニル床シートを張り付け，接着剤が硬化した後に，熱溶接機でシートと溶接棒を同時に溶融し，加圧しながら溶接する工法。
	留意点	溶接継目の余盛りは，溶接部が完全に冷却した後に削り取る。
防水トーチ工法	説明	改質アスファルトシートをトーチバーナーで加熱し，アスファルトを溶融密着させる露出防水工法。
	留意点	改質アスファルトシート相互の重ね幅は，長手，幅とも 100 mm 以上とする。
木工事の大引	説明	1 階の床組みで根太を受ける部材。
	留意点	大引の継手は，床束心より 150 mm 持出し，腰掛けあり継ぎ釘打ちとする。
ローリングタワー	説明	高所作業に用いる移動式足場。
	留意点	ローリングタワーの上では，移動はしご，脚立等を使用しない。

さくいん

さくいん

323

さくいん

さくいん

327

- 本書の内容に関する質問は、オーム社ホームページの「サポート」から、「お問合せ」の「書籍に関するお問合せ」をご参照いただくか、または書状にてオーム社編集局宛にお願いします。お受けできる質問は本書で紹介した内容に限らせていただきます。なお、電話での質問にはお答えできませんので、あらかじめご了承ください。
- 万一、落丁・乱丁の場合は、送料当社負担でお取替えいたします。当社販売課宛にお送りください。
- 本書の一部の複写複製を希望される場合は、本書扉裏を参照してください。

JCOPY ＜出版者著作権管理機構 委託出版物＞

2023年版 2級建築施工管理技術検定 一次・二次検定 標準問題集

2023年2月15日　　第1版第1刷発行

編 著 者　コンデックス情報研究所
発 行 者　村 上 和 夫
発 行 所　株式会社 オーム社
　　　　　郵便番号　101-8460
　　　　　東京都千代田区神田錦町 3-1
　　　　　電話　03(3233)0641(代表)
　　　　　URL　https://www.ohmsha.co.jp/

© コンデックス情報研究所 2023

組版　コンデックス情報研究所　　印刷・製本　音羽印刷
ISBN978-4-274-23019-6　Printed in Japan

本書の感想募集　https://www.ohmsha.co.jp/kansou/
本書をお読みになった感想を上記サイトまでお寄せください。
お寄せいただいた方には、抽選でプレゼントを差し上げます。